くても、勝手に貯まる！

キなお金持ちさんが
ている70のお作法

八乙女 暁 著

Clover
クローバー出版

はじめに

これまで1000人以上のお金の相談に乗ってきた中で、行きついたひとつの結論があります。

それは「素敵なお金持ちには共通する〝お金のお作法〟がある」ということです。

しかし、本人たちは実際にはなんとも思っていません。なぜならこれまで自然に身につけてきた習慣や考え方なのですから、意識することさえもないのです。

でも実際のところ、これらの習慣はその人のお金や生活の豊かさに、あまりにも大きな影響を与えています。事実、そういった正しいお作法を身につけた人は、特段秀でた能力なんてなくても、なぜかお金に困ることがありません。

一方で、大切な習慣や考え方を身につける機会がなかった人は、ビジネスをやっても投資をやっても毎回お金で失敗をくり返してしまいます。そして、正しいお作法を身につけるまでは、その悪循環から抜け出すことはできないのです。

本書では、素敵なお金持ちのお作法を身につけた方を「お金持ちさん」と名付けています。通常、お金持ちというと、預金残高や資産額で測られるように思いますが、お金持ちさんは、いわば〝お金持ち体質〟の人ということになります。この状態になっておけば、すぐに実際の資産が増えるかどうかはさておいて、豊かに幸せに生きやすい状態ができているということなのです。

そして、日常の何気ない行動をひとつひとつ変えることで誰でも「お金持ちさん」を目指せる！　これが本書のテーマです。

育った家庭に見本となるような素敵なお金持ちがいなくても、あなたがただお作法をマネするだけで、お金持ち体質に近づいていけるということなのです。

実際に、私自身も普通の田舎の家庭の生まれですが、イチから自分の日常のささいな行動を変えることを日々実践してきました。その結果、30歳でＦＩＲＥ（経済的自立と早期リタイヤ）を果たし、家族と幸せな生活を送っています。

そこで、たくさんの素敵なお金持ちと私自身の生活から導き出した「70の日常の身近な習慣や考え方」を、みなさんにもご紹介したいと思いました。それらは、決してお金に関係しているものばかりではありません。しかし、それこそがまず土台として大切なのです。

こういった土台がなければ、投資でお金を増やすなんて考えないほうが良いでしょう。いくら努力してもお金持ち体質になっていない限り、「そもそもお金が増えない」「お金が増えても幸せになれない」という残念な結果が待っているだけ。

まずは、理屈に納得しなくても構いません。一ページ一ページのお作法をただ考えずにやってみる、それだけで大きな変化を感じられることと思います。

目次

CONTENTS

CHAPTER 2 お金持ちさんの衣食住

CHAPTER 4 お金持ちさんの人づきあい

CONTENTS

CHAPTER 6
お金持ちさんの展望

CHAPTER 7
お金持ちさんの資産づくり

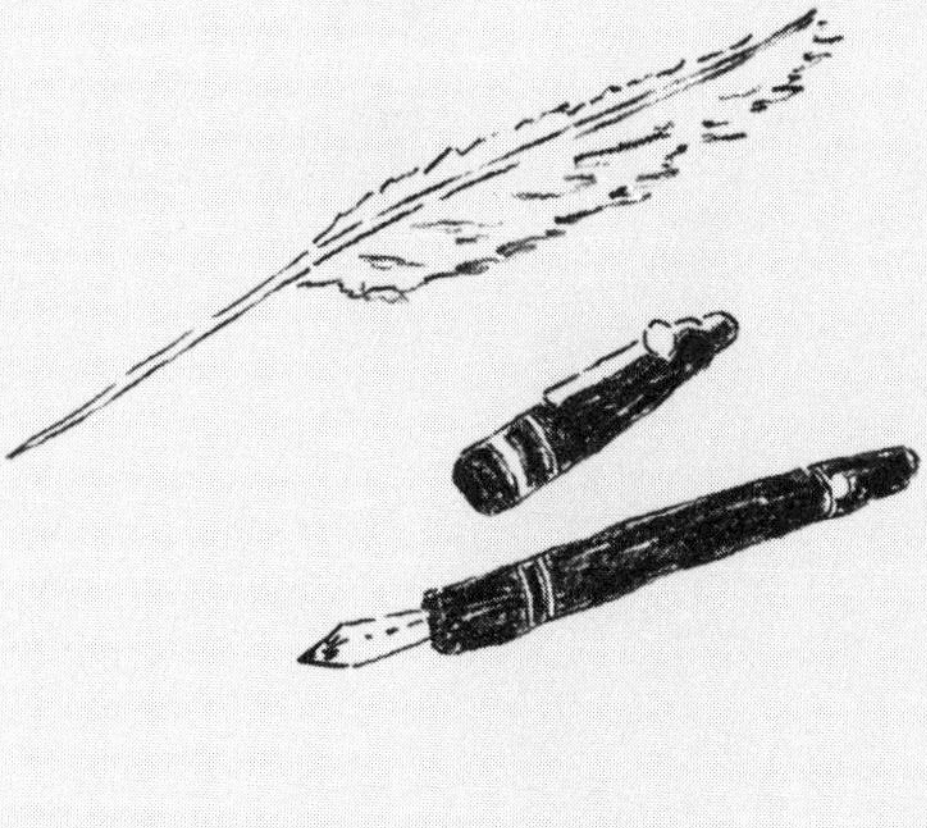

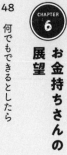

CHAPTER 1

後づけでお金持ちを目指す

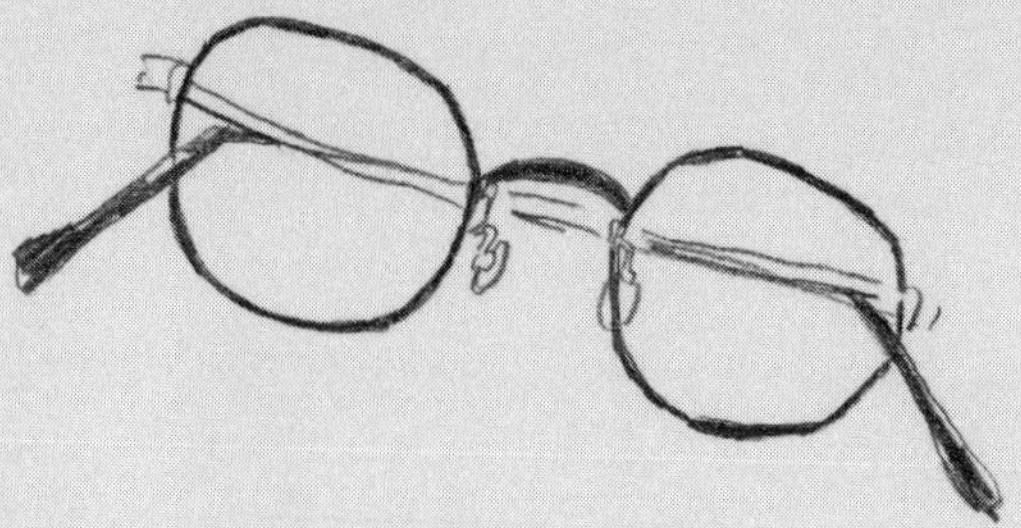

How can I become rich?

子どもの頃、お金持ちの友だちのことを
うらやましいと思ったことはありませんか？
あんなお金持ちの家に生まれて、いいな……

大人になった今なら、生まれた家にかかわらず
自分の意思でお金持ちになることはできます
しかも、成金やケチな金持ちではなく
余裕があって洗練された素敵なお金持ちに！
第一歩として、彼らの所作や習慣を学びましょう
ガツガツ稼ぐよりも
確実にお金持ちへの道が拓けます

いろいろなお金持ち

みなさんは、「お金持ち」というとどんな人を想像しますか？

高級住宅地の豪邸に住んでいる人、高級外車に乗っている人、ミシュランの三ツ星店によく食事に行く人、海外に何カ月もバカンスに行く人、ひと目でブランド品とわかる高価なものを身に着けている人……等々。

イメージはそれぞれですが、まあ、やはりお金を持っている人なので、「お金がかかっているなぁ」とすぐにわかる人がお金持ちだと思いますよね。

確かにその通りなのですが、私はそういう「お金がかかっていそうな人」の中にも、種類があると思っています。

まずは、わかりやすく言えば成金的な人。

人生の価値を「お金を持っていること」に置いていて、とにかくお金優先。

儲かることが大好きで、自分がお金持ちであることが嬉しくてしょうがない、そんな人です。

それから、ケチが染みついているお金持ち。

人生の価値を「お金が貯まること」に置いていて、使うことは極端に嫌う。

節約した分だけお金が増えていくことが嬉しくてしょうがない、そんな人です。

棚ボタ的お金持ちもいますね。

たとえば宝くじとか予期せぬ遺産とか、思いがけないことで大金を手にして、「とりあえずラッキー！」と喜ぶ人たち。

でも、そのお金をどうするのか本気で考えたことがないので、よく考えずに使ったりとりあえず貯めておいたり、お金を有意義に活用することができない人です。

考えてみれば他にもいろいろなお金持ちの種類はあると思いますが、こうやっていくつか挙げてみるだけでも、ちょっと残念なパターンに陥りがちだと思いませんか？

お金持ちになるのは素敵なことなのに、なんだかちょっと「あの人って残念だな」とまわりから見えてしまうとしたら、私なら嬉しくありません。

人の目なんかより、自分さえ幸せならいいという考え方もあります。ですが、別に人目を気にするという意味ではなくても、ここに挙げたようなお金持ちであったとしたら、人生を楽しんでいるとは思えません。

だから私は、「自分自身が人生を楽しみ、それがまわりの人からも素敵に見える」というお金持ちこそが素晴らしいと考えます。

そう、みなさん、「素敵なお金持ち」を目指しませんか？

素敵なお金持ち

では、素敵なお金持ちってどんな人たちでしょうか。

私が考える素敵なお金持ちは、ざっくり説明すると次の2つを兼ね備えている人です。

❶お金以外の財産を持っていること

財産って、お金だけではありませんよね。

たとえば、いろいろな経験をすることも財産だし、たくさんのことを学んで得た知識も財産だし、築いてきた人間関係も財産です。

具体的に言うと、視野が広く（経験）、教養があり（知識）、まわりと良好なコミュニケーションをとれる（人間関係）人。

❷いいお金の使い方をしていること

お金があっても貯め込んだりむやみに使ったりしていたら、ちっとも楽しくありません。

貯め込むのなら、何のためにお金を得たのか。もったいないですよね。お金は、使った時にはじめて意味を持つのです。

そして、意味がないむやみな使い方をしていたら、お金に失礼です。せっかくなら、自分にとってプラスになるようなことに使わないと。

たとえば、❶の「お金以外の財産」のために使うとか、子どもの教育にいいから使う。素晴らしいものに価値を感じたから使う。

そんなに立派なことでなく、たとえ無駄遣いのように見えたとしても、そのおかげで楽しく過ごせるのならいいと思います。

お金だって、うまく使ってもらえたほうが嬉しいに決まっています。そして、使い方がうまい人のところにどんどん集まってくるものです。

この2つができているお金持ちなら、人生を楽しめているはず。そして、そういう人は傍から見ても素敵です。

自分の欲望のためにお金を欲するとか、人から羨ましがられたいから高価なものを身に着けたいとか、そういう感覚とは一線を画しています。するど、たとえ預金残高がゼロになろうと、その人はお金持ちのままなんですよね。お金以外の財産がたくさんあるので、焦らなくても、それが新たなお金を呼び込んでくれる。

経験や知識や人間関係は、仕事を運んできてくれたりご縁を結んでくれたりして、それが結果的にお金に結びつくことが多いのです。

もし成金的なお金持ちなら、お金と時間にばかり執着して他に何も持っていないので、預金残高がゼロになったりしたら大変！ なんとか稼がないといけないと必死になって、自分のことだけしか見えなくなります。

どちらがいいのかは、一目瞭然ですよね。

どうせお金持ちになるのなら、素敵なお金持ちになりたい。

私はいつからかそう意識するようになりました。

そしてわかったことは、自分が意識しさえすれば、素敵なお金持ちに近づけるということです。

今の私が「素敵なお金持ち」を名乗ってもいいのかどうかはわかりませんが、少なくとも楽しく、お金に囚われることもなく、一緒にいて心地良い人たちと親しくすることができています。

お金持ちは生まれつきでなければならないか

そうはいっても、まずお金がないと！　お金持ちはお金持ちの家に生まれないと難しい。

そう考える人もいると思います。

確かに、生まれた家がお金持ちであれば大きなアドバンテージがありますよね。

お金持ちであることが当たり前で、精神的にも余裕があります。
しかし、成金っぽいお金持ちの家に生まれたら成金っぽい考え方に育ちますし、ケチが染みついている両親のもとでは、せっかくお金があっても楽しく使うことはできません。つまり、お金だけでなく、お金とのつきあい方もいっしょに受け継いでしまうのです。

こういう場合、「お金がある」という要件だけは手に入りますが、それだけです。その人自身が素敵なお金持ちになるのには、かえってハードルが高くなってしまうのではないでしょうか。

一番いいのは、素敵なお金持ちの家に生まれること。教養を身につけやすい家庭環境で、お金を惜しまずいろいろな経験をさせてもらえて、親の背中を見て人とのコミュニケーションを学べます。これは確かに最強です！

でも、生まれつきお金持ちでなくてもまったく問題ありません。

私自身、九州の農家に生まれました。もちろん豪農ではなく、両親もいたって庶民。田舎で、東京のお金持ちのような生活をしている人はいなくて、お金持ちという存在を身近に感じることもなく育ちました。

それでも、お金以外の財産と、いいお金の使い方をする意識は、大人になってから自分の気持ち次第でいくらでも手に入れることができます。

だから、大事なのは「素敵なお金持ちになろう！」と決めること。そして、決めたらそれに向かって行動することです。

意識の転換

田舎の農家の息子として生まれ、まったくお金持ちとは縁のなかった私が、どうして「素敵なお金持ち」を目指すようになったのか。

ハッキリとしたきっかけがあったわけではありません。

大学入学時に上京してきて、学生時代はどちらかというとお金に囚われていたほうだったと思います。

育った家では節約が美徳でしたから、「お金があれば……」という憧れはありましたし、一人暮らしの学生にとってお金をどれだけ持っているかは死活問題です。

もちろん、お金が欲しい！　夜通しカラオケのアルバイトで稼いで、授業をサボるようなこともありました。

そして大学を卒業して就職すると、アルバイトのような片手間ではなく、自分の働きとして給料をもらえるようになったわけです。これはもちろん、嬉しい。

社会人として自分のお金を持てるようになり、少しずつ大人の楽しみを知っていきました。

たとえば私はもともと靴が大好きで、靴売り場をずっとうっとり見ていられます。やっと自分のお金でいい靴を買えた時に、その満足感は半端なかったです。

ピカピカと艶めくしなやかな革。疲れを知らない履き心地。いい靴ってすごいな！

それから食べることも好きだったので、大学時代から学生には不似合いな高いお店に時々食べに行ったものでしたが、これも社会人になるともう少し自由にできるようになる。

おいしい！　また食べたいな。

こんなふうに、少しずつ高価なものの良さや価値を実感する機会が増えてきたわけです。

だから、私には「良いものの価値を実感する感性」はあったのだと思います。

その良さを知ると、もう知らなかった頃には戻れない。またその良さを味わいたい。そう思うものですよね。

では、そのためにお金を稼ごうとしたのかといえば、そういうわけでもありません。

もともとお金に対する執着はあったので、もっと前から頑張って稼ごうとしていました。ちょうど同じ頃に、価値あるものに触れて感性を刺激されたのだと思います。

感性を刺激されると、自分の世界や選択肢が広がっていきます。それが楽しくて、「これをまたやりたい！　やっぱり稼がなきゃ」という考えがだんだん芽生えていきました。

結局はそれがモチベーションのアップにつながり、仕事にもいい影響を与えてくれるものです。するとだんだん、「お金を稼ぎたい！」という気持ちを押し出さなくても、自分の感性を楽しむことで「仕事？　お金？　価値あるものに触れる」という循環がうまくいくことに気づくようになりました。

そしてこの循環をくり返すうちに、いつしか価値あるものが似合う人になれるのではないかと思っています。

価値を理解すればお金は惜しくない

高い買い物をする時に、「そんなに払えない」と躊躇する場合、2つの意味があります。

ひとつは、本当にそれだけのお金を持ち合わせていない場合。これはその時点においては確かに払えないのでしょう。

もうひとつは、その価値を理解していない場合。ただ金額だけを見て「高い」と圧倒されるばかりで、なぜその金額になっているのかを知ろうとしていないのかもしれません。

たとえば、オーダーメイドのスーツは高いですよね。でも、自分のサイズにフィットするように丁寧に作られ、そのためにどれだけの労力と時間がかかっていることか。生地の風合い、手触りも別格で、既成スーツとは明らかに違います。

私はそこに価値を見出すので、価格が高くても理解して払います。

高いけれど心からおいしいと思えるワインを飲みますし、職人の技で丁寧に作られた鍋を使いますが、それも同じ理由です。

あなたの今の感性でしっかりとものの価値を判断する。それを習慣にしないと、いつまで経っても金額だけを見て買う、買わないを判断することになります。それでは、精神的な豊かさは得られません。

そして、スーツにしてもワインにしても、本当にお金の持ち合わせがなくて買えないというほどの高価なものは多くないですよね。

家や車を買うわけではないので、誰でもちょっと頑張れば手が届く程度の金額ではないでしょうか。

だから、感性の声を聴いて素直に買ってみたらいいと思います。

こうして、自分が価値を感じたものにお金を使う喜びを知ったことが、私がいいお金の使い方を意識する第一歩だったと思います。

そして、いろいろなものの価値を感じるには、幅広く知ることも必要だと感じました。

もともと活字中毒といえるほど読書好きだったこともあり、自分の教養を広げていくことが新たな世界への入口になると思って、さまざまな分野の本で知識を増やしていきました。

やがてそれが普通になる

預金残高を気にして「お金が欲しい！」と思っていた頃は、お金を使うと「減っちゃった」「損した」と思うこともありました。

でも、使い方を理解している今では、そういうことはありません。そして、いつの間にか「その金額を払うのが当たり前」となっていきます。

たとえば、私のお気に入りのイタリア製のパンツがありますが、あまりにも履き心地が良く、裾上げもいらないくらいサイズもピッタリ。ずっと履き続けたいので、ちょっと高価ですが何年も生地や色味が違うものをくり返し買い続けています。するともう、そのパンツなしではいられないし、はじめは高いと思っていた金額を払うのが普通になってくるのです。

家もそうです。

家賃は高いけれど、環境や利便性などさまざまなことを考えて住みはじめました。最初は「頑張って家賃を払わなきゃ」と思っていても、毎月払い続けていると、払うのが当たり前になります。

そうやっていつの間にか「払うのが普通」になっていくと、それが身体に染みついて自然にできるようになっていくのです。すると、払うために稼ぐこともごく普通にやるようになる。不思議ですが、本当です。

つまり、行動が大事！

素敵なお金持ちは、自分が価値を感じているものに対して素直にお金を払います。

それ以外にも、素敵なお金持ちの行動や所作というものがあって、それが普通にできるようになってくると、いつの間にか自分も素敵なお金持ちになる。

私は自分でまず価値を感じたものにお金を使い、感性を刺激しました。さらに、さまざまなことを本から学び、素直に実践してきました。

そしてもうひとつ大事だと思うのが、「これをやると気分がいい」「これはなんだかイヤな気持ちがする」といった身体感覚を大事にすること。

メンタルとは少し違います。まさに身体が感じる快・不快があって、この感覚には従ったほうがいいと経験的に思っています。

こうして、少しずつ素敵なお金持ちに近づく行動を実践してきました。

その経験と、今まわりにいる素敵なお金持ちたちの生き方を参考にして、誰でもマネできる項目をピックアップしてみました。

難しいことを考えるより、トレーニングのようにお金持ちの行動や所作を身体に染み込ませましょう。とにかく行動すれば、身体感覚と結びついて素敵なお金持ちと同じオーラが出せるようになります。

後づけでも大丈夫！　素敵なお金持ちになれます。

みなさんもぜひ、次のCHAPTERからの項目を素直に実践してみてくださ い。そしてその際に、次の3つの感性を大事にするよう意識してみましょう。

素敵なお金持ちになるために大切にしたい3つの感性

1 **感じる心**
これはいい！　素晴らしい！　と良いものを理解する

2 **素直さ**
本や人の話などから学びを得たら、素直にやってみる

3 **身体感覚**
なんか気持ち悪い or 気分がいい　しっくりくる or しっくりこない

CHAPTER 2

お金持ちさんの衣食住

Food, clothing and shelter.

思わず憧れてしまうお金持ちさんって
どんな暮らしをしているのか考えてみると
清潔感のある着心地のいい服を着て
健康的なおいしいものを食べ
スッキリと片付いた家で暮らしている……
そんなイメージが湧きませんか？
まさにその通り！

同じような衣食住を実践してみることから
憧れに一歩近づきましょう

1 オーダーメイドの服を作る

オーダーメイドの服を一度作ってみると、その良さがわかります。

なにしろ自分のサイズにジャストフィットし、自分好みの素晴らしい生地を選ぶことができるため、着心地は満点です。

服だけではなく、たとえば靴やカバンなど、オーダーメイドで丁寧に作られたものを手にすると、「こんなにいいものなのか！」と実感できると思います。

すると、愛着が湧いて大切にしますし、既製品とは比べ物にならないほど長持ちするので、長く愛用できるようになります。

まだ一度もオーダーメイドをしたことがない

人は、ぜひやってみてください。

ものの良さを実感するのと同時に、見える景色が変わってくるはずです。何も変わらないという人もいるかもしれませんが、「変わった」と感じる感性こそが、素敵なお金持ちになるためには必要です。

私の場合は、スーツなど仕事で着る服をオーダーメイドするようになりました。すると、肩幅が合っていない既製スーツを着ることが気持ち悪くなってきました。自分でなくても、人がサイズの合わないスーツを着ているのを見かけると、どうも落ち着きません。

やはり、スーツは気持ち良く着たい！

みなさんも、まずは一着作ってみましょう。

昇進したいなら、仕事を頑張るよりもオーダーメイドのスーツで身なりを整えたほうが近道です。

きちんとした印象を与え、仕事も舞い込むようになります。

それでもちょっと敷居が高いと思う人は、シャツから作るといいかもしれません。スーツより気軽に作れて、値段も抑えられます。

私は、最初はセミオーダーからはじめました。そして今は、友人の紹介で反物の端などをうまく使って安くオーダーできるお店を使っています。

いずれはタキシードをオーダーメイドしたいです。タキシードは最高の礼服として、ものすごくカッコいい！

美しく身体にフィットするタキシードを着ることができたら、どんなに気持ちが上がるだろうかと、今から楽しみです。

2

スーツやジャケットにブラシをかける

その日着ていた服は、目には見えなくてもホコリなどで汚れています。脱いだらすぐにブラシをかけて、きれいにしまいたいものです。

特にせっかくオーダーメイドで作った服など、清潔を保って型崩れもないようにしておきたいと思いませんか。

つまり、価値あるものを手に入れて、それを大切に使いたいということなのです。だから、逆に言えば、ブラシをかけたり丁寧にしまったりしておきたい気持ちにならない服を持っていても、あまり意味はありません。

靴も同じ。帰ってきたら、すぐにブラシをかけて磨きましょう。

3

靴にブラシをかける

靴ひものある革靴などは、ひもの隙間に汚れが溜まりがちなので、マメにホコリを払うといいです。

私は、帰ったらすぐに磨いてシューキーパーを入れておきます。プロの靴磨きに出して、磨いてもらうこともあります。

また、靴はつま先や踵部分など、傷みやすいところはすぐに修理に出すことも大事。

自分では気がつきにくいですが、実は靴の踵がすり減っていると、思いのほか目立つもの。せっかくいい靴を買ったのなら、それをきれいに履きこなしたいですよね。

しっかりと作られた靴は、傷んだところさえ直せば長く履くことができるので、
メンテナンスを欠かさないようにしましょう。

4

人に見られない時に服に気を遣う

たとえば、一日中家にいて、出かける予定のない日。家族にしか自分の姿を見られることがありません。

そんな日に、どんな服を着ますか？

部屋着として洗いざらしでヨレヨレのトレーナーやスウェットを着る人も多いと思いますが、たとえ誰にも見られなくても、ちょっと気を遣うほうがなんだか気分がいいです。

また、プライベートでカジュアルに出かける時にも、ジャケットを羽織るだけで少し上質な雰囲気に。

たとえば子連れで水族館に行く時には、仕事仲間や知人に会うわけではないからTシャツにデニムで構わない。でも、ジャケットを羽織るとちょっとダンディな父親になれます。

それと同じような気の遣い方として、私の場合はどんなにカジュアルな装いをしていても、靴だけは高級なものを履くことが多いです。

よく、「足元を見ればその人がわかる」と言われるように、靴にはその人のパーソナルな部分が表れやすいのです。印象が左右されるほど、足元は大事なのだと思います。

仕事ではパリッとスーツを着こなしているから、プライベートでは自由な服装でリラックスしたいものですよね。

でも、「別に知っている人に見られるわけじゃない」と思っていても、通りすがりの人の目はあるわけです。家にこもっている日でも、宅配便が届いたり書留郵便が届いたり、人目に触れる可能性はあります。

どんな時にも、誰に見られても恥ずかしくない服装をしておくと、気持ちにも余裕が生まれます。

もちろんファッションは自由で、何を着てもいいのですが、見る人が不快にならないということは大事です。

だから私は、自分が着たいものというよりも、見られて恥ずかしくないものという視点で服選びをしています。それは人目ばかりを気にするというような、ネガティブな視点ではありません。

「あの人はキチンとしている」「なんだか素敵だな」と見てもらえたほうが、自分にとってもプラスですよね。そんな服装を、常日頃から心がけておくということなのです。

5

靴下・パジャマをボロボロまで着ない

靴下やパジャマに至っては、人に見られない服よりもっと適当になりがちではありませんか？

靴下なんて靴を履いていれば目立たないし、パジャマは他人に見られることはまずないので、どんなにボロボロになろうと、それを知っているのは自分や家族だけ。着ようと思えば、いつまでも着ることができます。

でも、オーダーメイドのスーツを作って、靴をいつもきれいに磨いて、家でリラックスする時の服装にもちょっと気を遣うようになってくると、なんだか違和感が出てきます。

いくら人にはわからないと言っても、他の部分をきれいにしておきながら、一部だけはボロボロということが受け入れられなくなってくる。

本当に上質な暮らしを目指すなら、そういう感性が欲しいのです。

いや、見えないところならボロボロでも平気だよ！　と思っているうちは、なかなか素敵になれません。

特にパジャマは、自分の眠りをサポートしてくれるものでもあります。

激安店で買ったゴワゴワした生地で大量生産されたパジャマと、ブランド品の肌触りのいいパジャマと、どちらが良い眠りをもたらしてくれるのか。

それに、パジャマはブランド品であってもせいぜい1～2万円で買えます。シルクで数万円になるものもありますが、「とても買えない！」というほどの高額な買い物ではありません。

その程度で毎日の眠りが少しでも快適になるのなら、安いものではないでしょうか。

6

下着はいつも丸見えだと思うくらいでよい

では、服の下に隠れていて、特別な事情がない限り人目に触れることのない下着はどうでしょう。

見えないんだから、古くても色が黄ばんでいてもいいよね！

そう思っている人は、すぐにその考え方を古い下着と共にきれいさっぱり捨ててください。

下着は、いつ丸見えになっても大丈夫と思えるほど、きれいなものを身に着けたい。

「勝負下着」という言葉が一般的になってきて、芸能人が大事なステージに立つ時や、スポーツ選手が負けられない試合に臨む時に、勝負下着を身に着けるということを聞きますよね。

確かに、下着によって気持ちが引き締まったりモチベーションが上がったりする効果があると思います。だからこその「勝負下着」ですよね。

それだけ、人から見られない下着にも気分を変える効果があるということです。

勝負下着は特別な時のために、派手な色やデザイン、あるいは自分の好みにこだわった下着を選ぶものでしょうが、そこまで特別なものでなくても、普段から小ぎれいにしておくことが大切です。

私も、別にこだわった下着を身に着けているわけではありませんが、買い置きだけはたっぷりと用意しています。そうすれば、思い立った時にすぐに新しい下着に取り換えられる。

いつも新品である必要はありませんが、「もし丸見えになっても恥ずかしくないぞ！」と思える小ぎれいな下着がいいですね。

7 食卓にキャンドルやランプをともそう

まず前提として、食事は一人でボソボソ食べるよりも、家族みんなで食べたいものです。その時に、ぜひ食卓に灯りをともしてみましょう。

キャンドルでもいいし、ランタンもおしゃれです。我が家では、安全なアルコールランプのような灯りも使っています。

そもそも日本の住宅は明る過ぎる。そして、食事の時間にもテレビがついていて音があふれている。

そんな空間で食事をするのは、落ち着かないと思いませんか。

電気の光とたくさんの音の中で一日を過ごす

私たちは、食事の時間くらいゆったりと落ち着いた空間の中でおいしいものを味わいたい。

そのために、まずは部屋全体の明るさを落として、食卓に灯りをともしてみてください。もちろんテレビはつけず、携帯電話にも邪魔されないようにしまっておきましょう。

そして、会話を楽しみながら食事をします。

音楽が好きな人はBGMを流すのもいいですが、私は無音を味わいたいので何も流しません。普段、いろいろな音が耳に入ってくることにうんざりしているのかもしれません。

聞いた話ですが、虫の声を美しいと感じることができるのは、世界中で日本人とポリネシア人だけなのだそうです。私たちは虫の声を左脳で「声」として認識するけれど、世界の大多数の人々は右脳で「雑音」として認識するから。

虫の声は、静寂の中から聞こえてくるイメージがありますね。もしかすると、いにしえから静寂を愛する心を持っていた日本人だからこそ、虫の声の美しさを感じられるのかもしれません。

それだけ、静寂も大切だと思うのです。

日々の慌ただしい生活の中では、電気の明るさや音に囲まれています。それがどうもせわしなく感じられるので、食事の時はゆったりと暗闇や静寂に身をゆだねてみると、生活の中に余裕が生まれます。

8

買ってきたお惣菜は食器に移して食べる

外からお惣菜を買って帰ってきた時でも、必ず自宅にあるお皿に移してから食事をしましょう。

忙しいから、時間がないからお惣菜を買ってきたのに、食器に移すのは手間がかかる。そう思う気持ちもわかります。

でも、ほんの一瞬で終わることです。洗い物が増えることは否めませんが、見栄えがまったく違うので、食べる時の気分も違います。

プラスチックのケースに入ったままのお惣菜をテーブルに並べることを、想像してみてください。あまりに味気ないですよね。

なんだか、食事を〝雑〟に扱っているような気がしてしまいます。雑なことが当たり前の生活になるなんて、残念でしかありません。

とにかく「食べる」という行為ができればいいのではなくて、いかに気持ちの余裕をもって楽しく食べるかが大事。食べられればいいからプラスチックでも高級な食器でも同じだというなら、きれいな食器を買う意味もなくなってしまう。

楽しむ、心地良くする、といった感性から文化は生まれるものであり、余裕のある暮らしには文化が不可欠です。

「まあ、とりあえずこれでいいや」という雑さを減らして、丁寧に暮らす。

身なりに気を遣い、生活空間を快適にしようとする人は、ちょっとした手間を惜しみません。

お惣菜を食器に移す。ほんのひと手間ですが、素敵な感性を維持するためには大切なことなのです。

⑨

食器をグレードアップしよう

家でどんな食器を使っているか、ふり返ってみてください。

「とりあえず揃えよう」と安い量販店で買ったり、たとえば『〇〇パン祭り』のようなイベントの景品でもらったりしたものが、たくさんあるのではありませんか。

お惣菜パックのプラスチックではないとはいえ、食器の機能だけ満たしていればOKと買った食器たち。残念ながら、愛着を持つことはできません。

私が自宅で使っているのは、シンプルで使いやすいコスタ・ノバやイッタラ、窯まで行って買った伊万里焼や九谷焼、波佐見焼などです。

どれも特別高価というわけではありませんが、こだわりをもって作られた愛着を持てる食器。

やはり、そういう食器を使ったほうが、テーブルは豊かになります。

しかも、割らない限りは洗って何度でも使えるもの。量販店の安価な食器と比べれば確かにお金はかかるかもしれませんが、長く使えることを考えれば大したことではありません。

むしろ、バザーで買った5枚組の皿の1枚が割れてしまったら同じものは買えないので、全部買い替える羽目になるかもしれないけれど、ロイヤルコペンハーゲンなら割れても同じものを1枚だけ買える。そういうメリットがあります。

食器は毎日使うもの。グレードアップして、気に入った食器を長く使ってもいいし、気分によって時々取り換えていくのもいいですね。

⑩ 食べるものに気を遣う

世の中には「〇〇もどき」や「インスタント××」があふれていますが、それらにまどわされない本物志向でいたいものです。

特に気をつけたいのが、ダイレクトに健康に影響する食べもの。なるべくなら自然なもの、手作りのものを心がけたいし、味についてもちょっとこだわりたいです。

たくさんある中から、3つだけ具体的な例を紹介します。ぜひ、みなさんも考えてみてください。

❶化学調味料は避けて本物を使う

まずは自宅で使う調味料を吟味し、本物だけを選びます。そして、買ってくるものも表示をよく見て、化学調味料が添加されていないものを選びます。

そうやって本物だけを食べ続けると、外食をした時にも化学調味料をピリピリと感じるようになるので、私はそういうお店は避けるようにしています。

❷塩を使い分ける

世の中にはいろいろな塩があります。

大きく分けると、海塩と岩塩ですが、それぞれの幅はほんとうにバリエーションがあります。実際にさまざまな塩を使ってみると、食材によってまったく相性が違うのがよくわかります。あるいは、香辛料とブレンドされたトリュフ塩やハーブなど、少し料理に変化をつけたい時に使うと楽しいでしょう。

❸プロセスチーズよりナチュラルチーズ

プロセスチーズは、ナチュラルチーズを加熱して溶かし、乳化剤を加えて成型したものです。

加熱しているので乳酸菌は死んでいるし、乳化剤という添加物が入っています。もちろん乳化剤すべてが危険というわけではありませんが、できるだけ無添加食品を食べたいですし、そもそもナチュラルチーズのほうが明らかにおいしい。だから私はナチュラルチーズを選びます。

11

ランチの金額を引き上げる

ランチの適正価格は、人によってまったく違うと思います。みなさんにも、今の時点で「普段のランチの平均価格はこのくらい」という目安はありますよね。

その金額を、少し引き上げてみてください。たとえば、1000円以内で済ませたい人なら1500円くらいに。2000円までと思っているなら、3000円までに。

私もお金を稼ぐことにばかり意識を向けていた若い頃、数百円の安い弁当を買ってきて食べていました。

今は、とても同じものは食べられないと思います。やはり、自分の中の「普通」を引き上げると、それまでの「普通」に違和感が出てくるのです。

ランチの値段を意識的に上げるようにしてから、世界観も変わりました。食に気を遣うという意味でも、あまりに安いと「大丈夫かな」という気持ちになってきます。

だんだん、ファミレスでは食事ができなくなりました。すべてではないのですが、多くのファミレスには化学調味料を感じてしまうからです。ファミレスに限らず、安いお店には同じような傾向があります。


言いたいことは、ランチは高ければ高いほどいいということではなくて、自分がその時に食べたいものを躊躇なく素直に選べるようにするということです。

いきなりは難しいかもしれませんが、少しずつランチの値段を引き上げていって、「いくらでもいいよ」という感性が普通になることを目指したいです。

⑫ 日用品を更新しよう

毎日のようにお世話になる日用品。どのように買い揃えていますか。

ハッキリ言って、日用品は百均ショップで済ませようと思えば、いくらでも揃えられるものですよね。

もちろん、自分にとって欠かせないと思うものが百均にあるのなら、使えばいいです。でも、日用品がほとんど百均となると、家の中や普段の生活も百均のレベルに引っ張られるような気がします。

毎日使うものだからこそ、ちょっとだけぜいたくをして気持ち良く暮らしたい。日々の小さな満足の積み重ねが、気持ちの豊かさを作ってくれて、それが結局は実際の生活の豊かさにもなっていきます。
私は、次のような日用品を少しランクアップして楽しんでいます。

＊靴ベラ　爪切り　PCのマウス・キーボード　など
⬇安くても買えるけれどこだわった商品もあるもの

＊スリッパ　タオル　など
⬇時期が来たら取り換える消耗品

＊ヘアケア用品　ハンドソープ　入浴剤　など
⬇身体に優しく心地良いアメニティ

＊ざる　パン切ナイフ　ワインオープナー　など
⬇いいものなら機能がアップするキッチン用品

13 一生モノをひとつ手に入れよう

私は料理が好きで、専門店で買ったこだわりの三徳包丁とペティナイフを持っています。

それを自ら砥石で研ぐのも楽しい。手入れをしていけば、ずっと使える一生モノです。

それから、新潟県燕市の特産品であるチタンのタンブラーも大切にしています。匠の技で作られた真空断熱構造のタンブラーで、夜に入れた氷が朝まで溶けません。


こんなふうに、高機能で使い勝手がよい道具を持っていると、それを使う時の満足感が違います。

同じ一生モノでも、宝石や時計のような装飾品ではなくて、使えるところに良さがある。

他にも、ストウブやル・クルーゼのような鋳物ホーロー鍋とか、置いておくだけでかわいらしく、長く使えるものがありますよね。

機能的であるだけでなく、どうせなら見た目にも美しかったりカッコ良かったりする方が気分も上がります。

最近は「コスパ」や「タイパ」ばかりを重視する人が増え、とにかく価格と商品の性能に気を取られがちな世の中で、色やデザインは二の次になることもあります。しかし、感情を捨てるのは、人間らしさを捨ててAIになるのと同じです。

でも、職人技が生きている昔からの良いものは、たとえ少し値が張ってもデザインと機能性を両立させたものが多く、魅力的です。

たとえば南部鉄器の急須は、丈夫で保温性に優れているだけでなくシンプルな美しさがあります。

そういう心を揺さぶる本物の中から、お気に入りの一生モノを見つけてみましょう。

14 一流のものを味わってみよう

一流のものを知らなくても、普通に生活していくことはできます。

でも、一流のものを知ったら、知る前と後では見える世界が変わる気がします。

たとえば、ホテルのエグゼクティブフロアに泊まってみる。美術館に行って名画に触れる。ミシュランの三ツ星レストランに行って食事をする。

そういう一流のものを、いつも選ぶ必要はないけれど、人生の選択肢の中に入れておくと世界は広がりますよね。

何かしらの学びを得ることができるはずですし、一流のものから何かを感じ取る感性を大切にしたいです。

私自身は、素敵なお金持ちを意識しはじめた頃に、グルメやお酒の一流に触れることからはじめました。食べることも飲むことも大好きなので、大好きな分野の一流を知りたかったた。

今は、和の世界に興味があるので触れてみたいです。

お盆を漆のものに替えるような手軽なところから、茶道や華道にも挑戦してみたいですし、着物についても知りたい。

またクラシックやオペラのコンサート、歌舞伎や演劇の舞台に行くような、形に残らない一流の時間を過ごすことにも、もっと挑戦したいです。

15 部屋をきれいにしよう

資産状況のいい人や、仕事でひとかどの人物になっている人。そういう人はほとんど、家の中がとてもきれいで整っています。

我が家も今、すごくきれいです。いつ来客があっても大丈夫。

それは、妻が掃除魔というほどきれい好きなおかげでもありますが、私自身も以前に比べるとマメに片付けるようになっているからです。

思えば、会社勤めをしていた若い頃には、散らかった汚い部屋に住んでいました。

その頃は、稼ぎたいと思っている割にはなんだか仕事もうまく進まないし、ムダにお金を使ってしまったこともあるし、どうもお金から好かれていないような状態でした。

ちゃんと意識して部屋をきれいにするようになってから、不思議なことにいろいろなことがうまくまわりはじめたように感じます。

これはもう、とにかく掃除をするのみ！　やれば結果が出てきます。コツは、何でも後まわしにせずにすぐに片付けること。

たとえば郵便物など、私は秒で開封して片付けます。本や書類なども併せて、紙類を片付けると、かなりスッキリするものです。

それから、手の届くところにハンディモップなどを置いておいて、ちょっとホコリが溜まったと思えばすぐに拭く。

「使うかも」と思って取っておくものは、ほぼ使わないから捨てるようにする。

そうやってきれいになった部屋には、お金も喜んで入ってきてくれるイメージがあります。

16

リラックス空間は電球色の灯りをともそう

日本人は、蛍光灯のような白っぽい灯りを好む傾向にありますが、それはほんとうは仕事向け。家の中でリラックスすることを考えると、温かみのある電球色がいいですね。

LED電球でも、温かみのある電球色から青白い昼光色まで、色に種類があります。

仕事用の書斎でない限り、電球色を選んでみましょう。

間接照明やペンダントライトなどもうまく使って、素敵空間を演出してください。

17

家賃を意識的にコントロールする

自分の望むレベルに合わせて住環境をコントロールしましょう。つまり、それだけの家賃を当たり前に払うことで、意識的に今より家賃が高くなる選択をするわけです。

「住める家はどれかかな」という住まいの選び方をするのはやめましょう。

この場所なら住める。この広さなら住める。この家賃なら住める。

そういう考えは完全にリセットしてください。

住みたい場所、住みたい広さから先に決めて、その分の家賃を払う。すると環境が良くなるし、ご近所の治安も良くなるし、まわりもみんな同じような家賃を払っているからその額を払うのが当たり前になるし、稼がないわけにはいかなくなる。

人は、かなり環境に左右されるものです。たとえば、おとなしい雰囲気の人でもアメリカの西海岸に留学して帰ってきたら、ずいぶん陽気になっているようなもの。

高い家賃を払ってそれなりの家に住めば、その家にふさわしい人間になっていくのです。

逆に、質のいい身なりをして一流店に食事に行くようになっても、それに見合うレベルの家に住んでいなければ、どこかにそのギャップが感じられてしまうものです。

家賃は、節約なんかしている場合じゃない！

COLUMN 01

自分が変われば環境も変わる まさに「片付けの魔法」だったのか？

お金に愛されて、お金のほうからやってきてくれる人と、いつも「もっとお金があればな」とお金に憧れている人とでは、生活習慣や行動、ふるまいがそもそも違います。

一番顕著に表れるのが、「片付け」のような気がします。

私もかつては、整理整頓が苦手でした。社会人になって、いい大人なのに仕事の忙しさを言い訳にして、いつも部屋が汚い。

散らかった部屋に住んでいた頃は、今ふり返ってみてもお金に関してロクなことがありませんでした。

まったく生産性のない、参加しても苦痛なだけの飲み会に行くハメになったり、後から後悔するものを買ってしまったり。

それだけではありません。怪しい人が明らかにおかしな金儲けの話を持ってくるようなこともありました！　おそろしや、おそろしや……。

しかし、「素敵なお金持ち」への意識が芽生え、汚い部屋に住んでいたら素敵に見えるはずもないと気をつけるようになってからでしょうか、そういうお金に関する後悔やリスクは減っていきました。

そして結婚してからは、きれい好きに「超」が付く妻の指導もあって、書斎はいつも片付いていてきれい！

すると不思議なことに、お金の流れも良くなりました。

お金が入ってくるし、それを後悔なく有意義に使える。そういうお金のきれいな循環が生まれています。

まさに「片付けの魔法」！　片付けとお金とは何も関係ないように思えても、実は日常の習慣、行動、ふるまいがすべて出てしまうお金や投資の世界には、大いに関係があるのだと確信しています。

CHAPTER 3

お金持ちさんの暮らしむき

How to live and what to value.

儲けばかりを必死に追いかけ
預金残高を気にするような人は
日々の暮らしもせわしないような気がします
逆にゆったり構えて何事にも余裕がある人は、
まさに素敵なお金持ち！

物事を損得で考えずに、本質を見るゆとりや、
自分の好きなものや大切なことに時間を割く
そんな優雅さが、
その人自身の価値を高めます

18

家にいつも花を飾る

我が家では、常に花を飾るようにしています。リビングやダイニングの片隅、階段途中の飾り棚など、ところどころに置いて華やかで気持ちのいい空間を作っています。

お花屋さんから買ってくることもありますし、家で育てているハーブが咲かせた花を飾ることも。

うちではいつも切り花を飾っていますが、もちろん鉢植えでもいいと思います。

何しろ、植物があると自然に触れているようで落ち着きますし、根拠は何もありませんが、運気が上がりそう！

19

家にアートをひとつ飾ってみよう

日本の家庭ではアートの存在は薄かったものの、最近やっと、注目を浴びるようになってきました。みなさんも、絵や写真など、自分の好きなアートを飾ってみませんか。

自分の気分が上がるものでもいいし、たとえばいつかパリに住みたいと思ったらパリの風景画でもいいし、旅先で買った思い出の絵でもいい。

はじめは画廊などに行くのは敷居が高いと思っても、今はネットでも買えますし、レンタルやサブスクもあります。

気軽にアートを探せる時代。家にアートを置いて空間を豊かにしてみましょう。

20

安値やコスパをありがたがるのはほどほどに

何十年もの間、デフレが続いて給料も大して上がらなかった日本では、「安ければ安いほどいい」というコスパ主義がはびこっています。

コスパの考え方が悪いわけではありませんが、ものの値段ばかりを意識して買うものを選んでいたら、それなりの人間になってしまうと思うのです。

そもそも価格というものには、ルールがありません。その商品のシグナリングでしかないわけです。

つまり、イメージを表す数字と言えばいいでしょうか。たとえばルイ・ヴィトンのバッグがあんなに高いのは、高級な革や職人の技に対する値段というわけではなく、ブランドイメージに対する価格です。

あの価格設定を、世間が受け入れているということだけを意味しているのです。

つまり、適正価格であるかどうかとは別の話。

私のコンサルティングという仕事も、無形商品を売っていることになります。価格とベネフィットが釣り合わないイメージになれば払ってもらえなくなりますし、釣り合っていれば払ってもらえる。それだけです。

だから、安いものをありがたがるということは、それほど価値がないとシグナリングされたものをありがたがっていることになります。それは、あなた自身の価値さえも下げ、その程度の価値であるというセルフイメージも刷り込まれていきます。

それより、高級だとシグナリングされたものを買ったほうが、自分の価値も引き上げられるというもの。「こんなに高いなんてありがたい！」と、セルフイメージも高まります。

ただ、「高いものを買っておけばいい」ということではありません。高いものをありがたがるのも違う。

価格はしょせんシグナリングでしかないのですが、それをそのまま鵜呑みにする前に、自分がどう捉えるかを確認することは必要です。

高級だとシグナリングされているものの価値を、理解するなら喜んで買うし、理解できないなら買わない。それだけです。

この理解の部分が、とても大切なことだと思っています。

21

自分の家のゴミでなくても拾おう

私の家のすぐ脇の道路に、つつじの植え込みがあるのですが、そこによくお酒の空パックが捨てられています。

自宅の敷地内ではないので、私が片付ける義務があるわけではありませんが、いつも拾って捨てておきます。

そうすることで、自分の器が広がるような気がするからです。その器に、お金も入ってくる。

自分がやるべきことではなくても、「これをやれば誰かが助かる」「これをやればみんな気持ち良くなる」というようなことは、率先してやるといいですね。

「徳を積む」と言うほど大げさなことではありませんが、同じようなイメージです。

22

損得に関係なく人に気持ちを向ける

これも少し「徳を積む」イメージと似ているのですが、どんな人に対してもきちんとあいさつをしたり親切にしたりする気持ちの余裕がほしいです。

たとえば、買い物のためにお店に入ったら「こんにちは」と店員さんにあいさつ。駅でトイレに行った時に清掃員さんが掃除をしてくれていたら、「ありがとうございます」とひと言。

みなさん仕事をしているのであって、あいさつやお礼を求めているわけでも何でもなくても、こちらのちょっとした気遣いできっと気持ち良く仕事ができると思います。

問い合せなどでコールセンターのオペレーターさんに、「○○さん、よくわかりました。

ありがとうございます」とお名前とともに感謝してから電話を切ります。苦情なども多く受け付ける立場の人にとって、少しは救いになるかもしれません。

人は無意識に、「この人は自分にとって得か」ということをジャッジして、得だと思う人に対しては丁寧に、あるいは親切に接するものです。

それは間違いではないし、大事なこと。でも、それ以外の「自分にとって別に得でも何でもない」という人に対しても、同じように気持ちを向けることができたら、世の中がもっと穏やかで心地良くなります。

23

一日に一回「ちょっとした親切」をしてみよう

別に自分がやる必要はないけれど、やればちょっと人のお役に立てることを率先してやる。うちの妻は、そういうタイプです。

たとえば、デパートで買い物中に、落とし物をわざわざインフォメーションセンターに届けに行く。公園で子どもを遊ばせている時に、よそのお子さんにも虫よけスプレーをしてあげる。

その程度の、ごく小さなことです。でも、いつも自然にそういう行動ができる彼女は、確実に自分よりも人間のステージが上だと感じます。

物心両面で豊かに幸せに生きている人たちには、こういうタイプが多いです。これも、損得を考えずにまわりのために行動しているということだと思います。

こういうちょっとした親切を、したい気持ちはあるけれど、できないという人もいますよね。たとえば、電車で席を譲りたいけれど、断られたら恥ずかしいとか。でも、人からどう思われるか、どんな反応をされるかは関係ありません。自分自身がその行為をすること自体に意味がある。

だから、本当は迷惑なのではと気にする必要はないのです。ただ、自分ができることがあるなら躊躇せずやる。それだけです。

24

コンビニに行かない

コンビニで買えるものは、ほぼありません。まず、自分の健康を気遣うのなら、水くらいしか買えないかもしれません。

それに「コンビニ」というだけあって、よく考えずにパッと買ってしまうようなものばかり置いてあって、こだわりのある本物には出合えません。

そもそも、コンビニってその存在自体がコンテンツになっていると思いませんか。SNSみたいなもので、中毒性がある。

常に新商品が置いてあるし、病みつきになる味の食べ物を売っているし、よく工夫されていてすぐに買いたくなってしまうような情報発信がされている場です。

ひと昔前は、よく海外から「日本のコンビニはなぜこんなにも流行っているのか」と研究されていました。それだけコンビニは、人を魅了するための仕掛けがたくさん施されているのです。

ただ、コンテンツ化したコンビニに思考を飲み込まれてしまうと、何も考えずに買ってしまうようになります。「思考をする」ということの邪魔をするのがコンビニです。

もちろん、宅配便を扱っていたりＡＴＭで預金の出し入れができたり、振り込みやチケットの発券までできる便利な場所であることは間違いありません。

ただ、そういう具体的な目的があってコンビニに足を踏み入れても、つい余計な買い物までしてしまう。そういうムダを生む場所だということです。

25

スマホを使わない時間をつくる

常にスマホを傍らに置き、すぐに見るのが当たり前の世の中になっていますが、そんなにスマホに支配されるのはまっぴらではありませんか。

最近のスマホは大きく重いので、ずっと持っていると疲れるし肩も凝る。

仕事の連絡が気になる人もいるかもしれませんが、それも精神的に疲れる。

とにかく、便利かもしれないけれど疲れるのも事実です。それに、便利さを享受するために、四六時中スマホを握りしめておく必要もないと思います。

私はなるべくスマホを触らないようにしてい

ます。まわりの人と連絡を取り合う時や、仕事で必要なこともちろん多いので、持たないわけにもいきません。

だから、自分のルールで「人と話をしている時」「子どもと遊ぶ時」「夕食の後」は、意識的にスマホを遠ざけるようにします。

そして、返信はまとめて。その場ですぐに返信しなければならないケースはほとんどないし、夕食後に仕事の連絡が来たとしても、もう労働時間外なので返信する必要はありません。

実は以前は、電話の通知音だけでなくバイブレーションも切っておいて、電話をかけてきた人には留守電にメッセージを入れてもらうようにしていました。

すると売込みのような電話に時間を取られることもなく、必要な人にだけ折り返せばいい。とてもラクでした。

今も電話以外の通知を最小限にしておいて、なるべく煩わされないようにしています。

㉖ 会話を楽しみながら食事をしよう

最近よく見かけるのが、せっかくデートしているのに、それぞれがスマホを見ながら無言で食事をしているカップル。

楽しい家族の外食のはずなのに、お父さんだけは会話に加わらずにスマホをポチポチ。家での食事だったとしても、テレビがついている……。

なんだか味気なく、寂しいですよね。なんのために食事をともにしているのか、よくわからなくなってしまいます。

食事時間はただお腹を満たすだけのものではなく、料理のおいしさを共有したり、団欒を楽しんだりするもの。

食事を共にする目の前の人を大切にしたほう

が、おいしく楽しい時間を過ごせます。

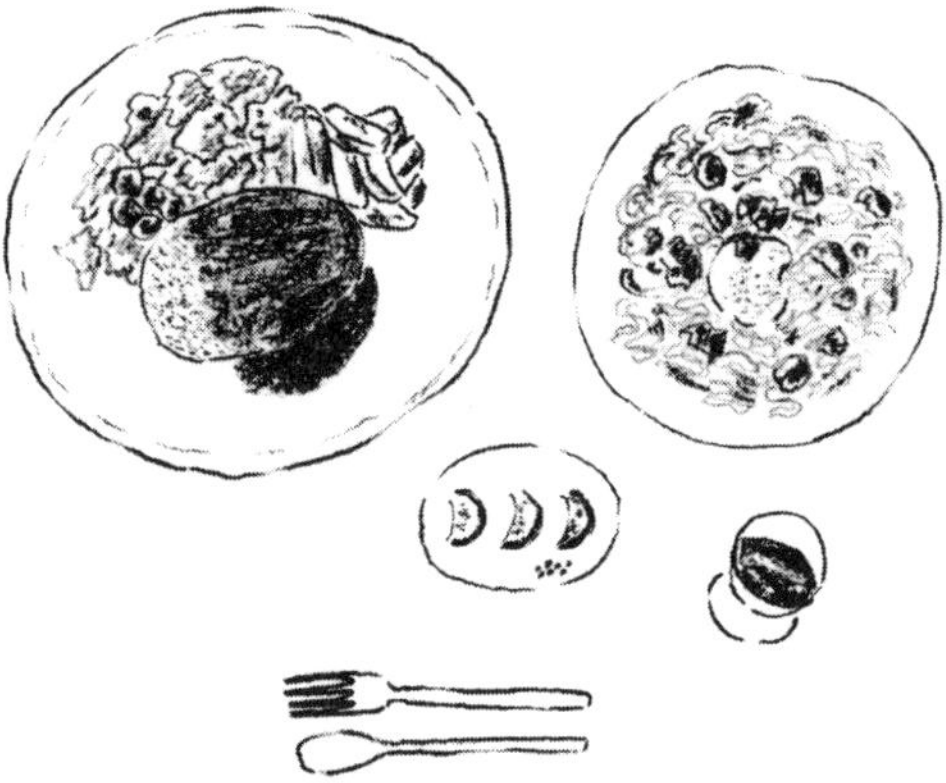

27

「せかせか」より「ゆったり」動く

せわしない世の中とは言いますが、「そんなに急いでどうするの？」と思う場面に遭遇することが多いです。

運転中に、赤信号に変わる間際にギリギリで交差点に突っ込んでいく車を見ると、「いや、その信号ひとつであなたの人生が変わるわけでもなんでもない」と言いたくなります。むしろ事故を起こして、悪いほうへ傾く可能性はありますね。

結局、せかせかしてもゆったりしていても、さほど状況は変わらない。むしろ、ゆったりしているほうがメリットはあります。

秒速でとりあえずメールの返信をするより

も、じっくりと戦略を練ったほうがビジネスにはプラスが生まれると思います。

家の中でも、テキパキ家事を片付けるのはいいことですが、ちょっと立ち止まって段取りを考えたほうが、結果的には効率がいいこともあります。

組織の中で働いていると、どうしてもゆったり構えることが難しい面もあって、私もサラリーマン時代は上司の手先としてせかせか働いていました。それでも、プライベートではゆったりする意識を持つだけで、生活全般にゆとりが生まれて豊かさが実感できるのではないでしょうか。


あまり深く考えずに、普段の所作からゆったりさせてみることをお勧めします。

たとえば、手先・足先の力を抜いてみる。

手先・足先の力が抜けているととても優美に見えるし、逆に力が入っているとちょっとダサいことに最近気づきました。お金儲けが大好きな人と一緒にゴルフをやった時、彼はクラブを握る時にもガチガチに力が入っていて、足もグッと踏みしめていたのが頭に浮かびます。

私も力を抜くのは苦手なほうですが、意識してやろうと思いました。

どんなスポーツも、プロの人ほど力まず自然体にやっていることを考えると、やはり力み過ぎはダサさにつながるものだとわかります。

つまり、力みが身についてしまうと、生活全般にスマートさがなくなっていくのです。

せかせかして力んでいるような人より、ゆったりと力を抜いてリラックスしている人のほうが魅力的に見えますよね。

28

お賽銭の金額を引き上げてみる

お賽銭は、日本人が躊躇なくやっている習慣のひとつ。ほとんどの人が、お正月をはじめ、機会あるごとに何度もお賽銭をしていることと思います。

その金額を、一段階ずつ上げてみませんか。

5円、10円といった少額の小銭をお賽銭箱に入れる人が多数だと思いますが、それをまず100円にしてみる。

100円に慣れたら500円に、500円が当たり前になったら1000円に、だんだんアップしていってみましょう。

お賽銭は神さまにお供えするお金ですが、ご利益を期待するにしても、一度は自分の財布から捨てることになりますよね。その捨てる額を増やしてくことで、「このくらいなら捨ててもいいな」と思える上限が上がっていきます。

すると、投資する金額もだんだん上げていけるようになります。投資も、究極的にはお金を失くすリスクを理解したうえでやるわけで、一度は捨てるようなものなのです。

だから、「お金を失いたくない」というお金のブロックが外れないとなかなか投資で成功できないのですが、お賽銭の額を上げていくことがお金のブロックを外す予行演習になります。

そして、私はお賽銭には金額に応じたご利益もあると思っています。そのお賽銭の額にふさわしい自分になっていくこともできますし、大金をつぎ込むわけでもないので、気軽にやってみましょう。

ちなみに私は、お正月には1万円、普段はだいたい1000円ほどにしています。そろそろ、もっと大きな額を寄進したほうがいいかもしれません。

29

毎日神社に参拝しよう

日本には至るところに神社があるので、そんなに遠出をしなくても神社には参拝できると思います。

ぜひ毎日、毎日が無理でもできるだけ、お参りしてみてください。

神社で手を合わせる時に、願いごとを思い出すと、自分が何を望み何を目標にしているのか、改めて整理することができます。そして、それに向かって頑張る意欲も湧いてきます。

また、瞑想する時間を持つようなものなので、精神の落ち着きにもいい影響があります。

神社でなくても、お寺でも教会でもモスクでもいいし、道祖神でもいい。要は、一日に一度は手を合わせて、神さまや仏さまのような聖なる存在と向き合うこと。

そもそも、ふさわしい場所に方角なども気にして造られているはずなので、神社自体に力があります。

加えて、神社をはじめ人々が参拝する場所というのは、いろいろな人の想いの集合体。多くの人がやってきて、願いごとをつぶやいたり幸せを祈ったり感謝を伝えたりする。それだけの想いが集まった場所なので、パワーがあるに違いありません。

そういう場所にできるだけ足を運ぶことで、自分をふり返りつつパワーを受け取ることができたら、より良く生きていけそうな気がします。

30 家に神棚を置こう

日本人の多くは自称無宗教ですが、それは特定の宗教の信者ではないという認識です。

実際には、神社やお寺に初詣に行ったり、大事な願いごとがあればお参りしたり、お賽銭を投げたりしています。

それは習慣のようなものであって、信心深さではないと思うかもしれませんが、でも、習慣や価値観、神社などを神聖なものとして捉える感性、それらも宗教の一部だと私は感じています。

そういう意味で、宗教は日本人にとって結構身近なもの。実は、身近なところで神さまを意識することに、新興宗教などでない限りあまり抵抗感はないはずです。

そこで、家に神棚を置くことをお勧めします。神道の信者である必要はありませんし、他の宗教、たとえばキリスト教のほうが親しみを感じるなら十字架でもいい。

何でもいいのですが、家の中に神さまを感じる場所があると、いつでも祈ったり感謝したりすることができます。

すると神社への参拝と同じで、自分自身をふり返ったり瞑想したりする時間が持てるようになります。しかも、参拝に行くよりもっと頻繁にできますよね。

実は、成功している経営者などは、家や事務所などに神棚があるケースが非常に多いのです。

ビジネスという厳しい現実世界を、神棚を置いている人たちが生き抜いて成功している。そう思うと、やはりご利益があるような気がします。

CHAPTER 4

お金持ちさんの人づきあい

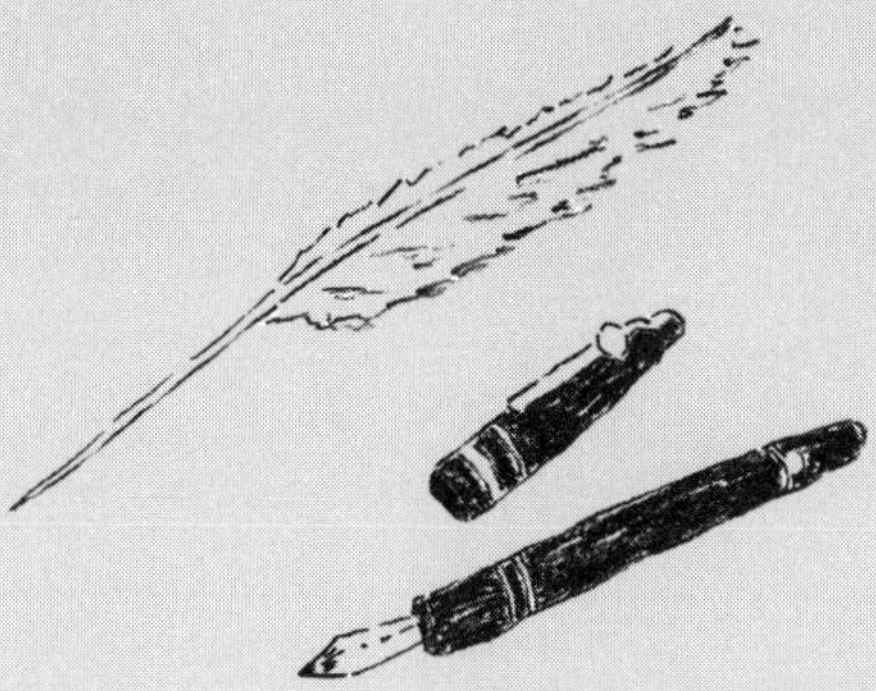

Value human relationships.

人づきあいは、
気持ち良くなければ意味がない！
自分が大切に思う人たちと
心地良い関係を築いていくことこそが
日々の暮らしを豊かにしてくれます

素敵なお金持ちのまわりには
やはり素敵なお金持ちがいる
きっとそれには理由があるはずです
そこに仲間入りできるような
つきあい方を身につけたいですね

31

妻は神と崇める

パートナーシップって、とても大事です。特に家庭内では、より大事にしたいもの。

いつも思っているのは、自分が相手に対してしたことが、そのまま返ってくる。ただ返ってくるだけでなく、増幅されて返ってくるということです。

だから、相手に憎悪を向けたら倍になって返される！　そういう可能性もあります。

私は基本的に、妻の言うことを聞いています。欲しいと言われたものは、極端な浪費でない限りは買います。

妻のほうが人間のレベルが上だと思っているし、そのほうがうまくいく。

ただ、中にはパートナーに対して不満があって、素直に崇めることができない人もいますよね。

でも、考えてみてください。自分が選んで結婚した相手です。別に、脅迫されてイヤイヤ結婚したわけではありませんよね（笑）。

自分が引き寄せた相手なのですから、不満を持つということは自分の至らなさを感じるということなのかもしれません。ちゃんと大事にすれば不満も消えて、つまりは自分が報われることになります。

友人は奥さんの誕生日に、欲しいと言われたものを必ずプレゼントしているのですが、その金額が毎年絶妙に上がっていくそうです。買えるけれど、グレードアップしたな！　と実感するようなものをねだられ、それをきちんとプレゼントしているとのこと。

すると、そのプレゼントのグレードアップに合わせて、自分の収入も増えていくというのです。豊かになるのも、パートナーシップのおかげですね。

32

旦那はじっくり育てる

最初からたくさん稼げて人間もできている男なんて、世の中にそうそういるものではありません。だから、結婚したら「ここから私がじっくり育てる」という意識を持ったほうが、ストレスになりません。

たいていの男性には、あまりセンスがありません。だから、スーツとワイシャツ、ネクタイをバッチリ揃えてあげるのはいかがでしょうか。

家を整理整頓して花を飾ったり、おいしいものを食べさせたり。

共稼ぎだと大変なこともありますが、家事をやれという意味ではなくて、家を心地良いものにする工夫は必要だということです。

間違っても、帰ってきた夫をストレスで罵倒するようなことはやめましょう。

私の友人は、奥さんから「殿」と呼ばれているそうです。だからと言って立場が上なのではなく、ただ呼ばれているだけですが、セルフイメージが上がって間違いなく良い効果があるでしょう。

そもそも、結婚はきわめて面倒くさい制度です。法的に縛られ、さまざまな手続きや届け出も必要で、かなり疲れます。

そんな結婚ですが、ひとつ、とても素晴らしい意味があると思っています。それは、人としてのレベルを高めるためのものであるということ。

他人同士が同じ家に住み、人生を共にする。その間にはいろいろなことがあり、学び合って成長する場になるわけです。

だからこその結婚です。そうでなければ、面倒なだけで何の意味もありません。

夫は妻を神と崇め、妻は夫をじっくり育てる。そうやって一緒に成長していきましょう。

33

リアル面談も時には大事にする

今はリアルに会わなくても話ができるので、仕事の打合せもプライベートの人づきあいも、オンラインで済ませることが可能です。

でも、実際に会って同じ場を共有すると、立ち居振る舞いで感じることや、空気感で伝わることが必ずあります。これは画面越しの打合せでは絶対に得られないものです。

そういう部分が結構大事なのです。特に、仕事の関係だと普段のその人のことを知らないので、リアルで感じ取る仕草や表情から得られる情報があります。

直接会ったほうが親しみも湧くので、オンラインを利用しながらも時にはリアルの良さを感じたいですね。

34

会いたい人に会いに行こう

時間は無限にあるわけではないので、会いたい人がいたら会っておいたほうがいいです。

私は、遠くに住む友人に会いに行くことも厭いません。ドバイに住む友人のところに遊びに行ったこともありますし、高知に住む大学の友人のところに集まる企画を立てて、大学時代の仲間と楽しいひと時を過ごしたこともあります。

遠くから会いに行くと、「わざわざ来てくれたんだ！」と、とても喜んでもらえます。相手が喜べば、私も嬉しい。

会いたい気持ちを素直に表現することで、相手との仲が深まることもあると思います。

また、友人ではなく「会ってみたい」と思う人もいますよね。たとえば、私は今、古武術に興味があるので、古武術の専門家に会ってお話を聞いてみたいです。

本が大好きな人なら、好きな作家に会ってみたいと思うかもしれませんし、世界的な投資家から投資の極意を聞きたいという人もいるでしょう。

そういう、著名だったりその分野のプロだったりする人でも、会ってもらえる努力をすることはムダではありません。案外、簡単に会えるかもしれませんし、会えなかったとしても特にダメージもありませんよね。

興味のある人に会えたとしたら、自分の世界がそれだけ広がることにもなります。世界を広げるのは、とてもいいことです。

35

ちょっと気の利いたひと言をかけてみよう

混んでいる電車から降りる時に、無言で人をかき分けるようにドアに向かう人をよく見ます。なぜひと言「すみません、降ります」と声かけできないのかと、いつも不思議に思っています。

エスカレーターでも、立ち止まってゆったり乗っていたら後ろからすごい勢いで邪魔だと言わんばかりにやってきて、突き飛ばすようにして追い越していく人がいます。

「すみません、急いでいます!」と言ってくれたら、こちらからよけるのに。

ほんのひと言で印象が変わるのに、なぜ言わないのか理解に苦しみます。ちょっと気の利いた、というよりも当たり前のひと言が、自然に出てくる人間でありたいです。

例に挙げたような、通りすがりとか外で会う知らない人だけでなく、友人知人、仕事仲間や家族といった自分のコミュニティ内でも、ひと言が足りないことは多いと思います。

自分自身をふり返って、気の利いたひと言が言えるように意識してみるといいでしょう。

たとえばミスを指摘する時に、「自分も失敗しがちなんだけど」とフォローするとか、ほめる時には具体的にどこが良かったかまで言うとか、少し気遣うだけで相手の気分は上がります。

知人は、奥さんの料理をほめる時に、なるべくどんなふうにおいしいかを伝えるようにしているそうです。

お礼をいう時にも、どれだけ自分が助かったのか、しっかり表現すると相手も「役に立てて本当に良かった」と実感できます。

どんなに結婚生活が長くなっても、給料日には必ず夫に感謝を伝えるという女性がいて、なかなかできないことだと感心しました。

そもそも日本人は、ほめる、感謝する、ということ自体を素直に言葉にできない人が多い。それをまず克服してみませんか。

そして、慣れてきたら気の利いたひと言を上乗せしましょう。

人間関係は、お互いの態度や言葉でお互いが気持ち良く過ごせることが重要です。ちょっとしたひと言は、そのために大いに役立ってくれます。

36

感謝している相手に贈り物をしよう

感謝している人に対しては、自分が感謝していることを伝えたいと思います。

私はお礼の言葉はもちろんのこと、贈りものをするようにしています。

もちろん、義務的に贈るのとは違って、本当に感謝の気持ちを伝えたいというものなので、高額なものである必要はまったくありません。

カフェのプリペイドカードのような気軽なもので十分だし、日本酒が好きな人には旅行先で見つけた地酒とか、相手の好みを考えるのも楽しいものです。

最近は廃れていますが、お中元やお歳暮という習慣もあるので、そのタイミングで贈ってもいいでしょう。

ちょっとしたものを贈って喜んでもらえたらこちらも嬉しいし、その贈り物ひとつで、自分のことを覚えていてもらえるので、いいことずくめです。

中には義理堅くて、すぐにお返しをくださるような人もいるかもしれないので、あくまでお礼であることを伝えて、気を遣わせない程度の品にすることが大事です。


贈り物をすることに気づいたり、プレゼントを選んだり、気を遣わせない気遣いをしたりするのは、やはり女性のほうが得意ですね。

私自身も得意ではないので、もっと自分が楽しみながら贈り物ができるようになりたいです。

37

いつも必ず丁寧にお返ししよう

感謝の気持ちを表すのは、贈り物に限りません。行動で示せることもたくさんあります。

たとえば、ご飯をおごってもらったら、次は自分がごちそうする。遠方から友人が遊びに来てくれたら、家に泊まってもらう。仕事でいい取引先を紹介してもらったら、相手のビジネスに有益な情報を提供する。

こんなふうに、相手が自分のために使ってくれた時間や手間に対して、自分も時間や手間をかけてその人の利益になるようなことをやってみる。それがとても重要です。

有形無形にかかわらず、感謝の気持ちを丁寧なお返しとして表すことを意識してみましょう。

人と関わって生きていく限り、常に何かしらお世話になったり、逆にお世話をしたりし合うものですが、自分がお世話になってばかりだと、人間関係のバランスが崩れてしまいます。だんだん、手を差し伸べてもらえなくなっていく。

常にイーブンでいるために清算しなくてはいけないと、四角四面に捉える必要はないのですが、あまりに偏るのはどうかと思います。

助けてもらうことが圧倒的に多くて、自分が役立てることが少ないと、かえって人生の負債が増えてしまう。私にはそう感じられるし、感謝する気持ちが本物なら、自然とお返ししたくなるものです。

38

つまらないことでも
とにかく親孝行する

素敵なお金持ちには、自分の親といい関係を築いている人が多いような気がします。

親子の仲が良好だから豊かになれるのか、豊かだから親子の仲が良いのか、どちらが先かはわかりません。

でも、親はまぎれもなく自分のルーツ。そこを大切にすることは、セルフイメージの向上にもつながるはずです。

私自身も好き勝手に生きてきましたが、親があってこそ自分が存在していることは忘れないようにしようと思っています。

熊本にいる両親とマメに会えるわけではありませんが、孫の顔を見せるためにビデオ通話をしたり、成城石井のような地方にはないスーパーのカレーセットを送ってみたり、海外旅行に連れて行ったり、できる限りの親孝行をしているつもりです。

「そんなにできない」と思う人でも、「おはよう」とひと言LINEでメッセージを入れるだけで立派な親孝行です。

ただ、希にとんでもない親に育てられたというケースもありますよね。恨みこそあれ、とうてい感謝などできないとか、親子の縁を切って二度と会いたくないとか、そういう人には親孝行は難しい。

そんなケースでは、「許す」というだけでも親孝行になると思います。もちろん、親と二度と会わなくてもいいし、「許した」と伝える必要もありません。

自分のルーツである親を恨み続けたり葛藤を抱えたりしていると、セルフイメージも下がってしまいます。だから心の中で「許す」と決めて、あとは忘れる。それで十分です。

39

自分と無関係な人に寄付をする

たとえば自分の親族や知人のためにお金を使うことはあると思いますが、まったく自分とは関係のない人のためにお金を使えますか？

私は、寄付という形で知らない人たちにお金を使ってもらっています。

たとえば、地域社会のための寄付でもいいし、神社などに寄進するもよし、動物愛護団体でも子どものための国際団体でも、何でもいいのです。

そして寄付をする時には、そのお金がどう使われるかということはあまり考えません。

確かに詐欺まがいの団体に寄付をしないことは大切ですが、そうでなければ自分のお金がどう使われても構わない。使い道は、もう寄付を受けた側の自由だと思っています。

あまりこだわらず、少額でもいいのでとにかく寄付をしましょう。自分とは無関係の人にお金を使ってこそ、まわりまわって自分のところにもお金が入ってきます。

寄付とは少し違うのですが、食事をおごることもどんどんやったほうがいいと思っています。

喜んでくれたら嬉しいし、相手との仲も深まります。すると、それもまわりまわって仕事でプラスになったり助けてもらえたりするきっかけになるのです。

恩を売るというわけではありませんし、基本的に私は、自分が会いたい人としか会わないので義務感もありません。食事そのものが楽しい場になっています。

それが後々プラスに働くのなら、どんどんおごりたいです。

40

なかなか会えないメンバーで集まる会を企画する

社会人になると、なかなか会えない人たちが増えていきます。

学生時代の友人、先輩や後輩、前職の同僚など、お互いに忙しくて「今度会おう」が実現することはなかなかありません。

だからこそ、そういう人たちと集まる会を企画すると、喜ばれるし自分も楽しいです。

親族もそうですね。私のように地方出身の者だと特に、親兄弟とも集まる機会は年々減っていきます。

誰かが声をかけて企画すれば、みんな喜んで集まるもの。旗振り役になるのもいいですよ。

41

地域のイベントに協力してみよう

地域社会の中でのおつきあいは、今はどんどん薄れていっています。ですが、地域社会は何かあった時のセーフティネットでもあるので、何かしら貢献しておきたいもの。

だから、地元のお祭りや小学校の行事での手伝いなど、特にやる必要もないことでもやってみることが、自分にもプラスになります。

今は町内会や自治会がない地域もあるので、組織的なイベントを探すことも難しいかもしれません。

でも、小学生の登下校の見守りやご近所のお年寄りのサポートなど、できることからやってみましょう。

CHAPTER 5

お金持ちさんの子育て

Cherish your life with your children.

子どもは大人が思うよりも
よく親のことを観察しています
そして、親の行動を指針にして
行動基準や価値観を確立していくのです

いい人である努力は必要ですが
必ずしも立派でなくても構いません
だから、親は子どもの前で
見栄を張ったり取り繕ったりせずに
素直な自分を見せましょう

42

子どもの本代だけはケチらない

私は、学びの根幹は読書だと思っています。読書さえしておけば、他はなんとかなる！

だから、子どもには「字の多い本ならいくらでも買っていいよ」と言っています。図書館を利用してもいいですね。

大事なことは、親も本を読むことです。親がまったく本を読まないのに、子どもに「読みなさい」と言っても無理です。


今のところ、7歳の娘と1歳の息子はもう自分から本を手にする子になっています。

なるべく自由に本を選ばせ、自分が読書する背中も見せながら、このまま読書好きに育ってほしいものです。

43

「高いから」を買わない理由にしない

どんな買い物をする時にも、「値段」を買う、買わないの判断基準にはしないようにしましょう。判断基準は、シンプルに「必要か、必要でないか」です。

子どものための買い物をする時にも、判断基準は同じです。「高いから買わない」という価値観を、子どもに見せないようにしたいものです。

ごく普通の家庭で育つと、「高いから買わない」というのは当たり前の感覚。私自身、子どもの頃は親からそう言われて育ちました。

しかし大人になり、ものの値段は単なる数字でしかないことや、お金はただの概念でしかないということを理解してから、値段を買う、買わないの判断にすることに意味はないということを知りました。

でも、その後も、子どもの頃に刷り込まれた「高いから買わない」というお金のブロックを外すことが難しかったです。

だから、子どものうちからそういう価値観を刷り込まないようにすることが大事なのです。何より、お金を絶対視して数字に振り回されるような生き方をしてほしくないし、豊かさを引き寄せてほしいから。


我が家では、娘の小学校入学時に、5000円程度のリュックを買いました。ブランド品のランドセルを選べば15万円ほどしますが、娘に必要なのは軽くて機能的で、買い替えも気軽にできるリュックだと判断したからです。

しかし、もし娘に必要なものや適したものが高額であったら、それはそれで躊躇なく買います。

また、必要だと判断した商品にもいろいろな種類があって、値段の幅があることもありますよね。たとえば、同じ機能のおもちゃでもキャラクターが付いているほうが高いとか。

そういう時は、楽しむためのものなら子どもが喜ぶ感情を大切にしたいので、高いキャラクターものを買ってもいいと思っています。それぞれのケースで、子どもの情緒とその継続性を考慮して決めればいいでしょう。

どんなに子どもが喜びそうだと言っても、パッと見てすぐ「欲しい！」というものは買いません。おそらく買ってもらう瞬間が最高に楽しいだけで、すぐに飽きるので意味がないからです。

44

お金で困っている姿を見せない

良いお金の使い方をすることが、お金を呼び込みます。いずれ大人になった時のために、ものの値段に左右されることなく、必要なものを正しく買う習慣を教えたいです。

お金で困っている姿を子どもに見せないのは、貧しさが恥ずかしいからとか、親の見栄のためとかではありません。

そもそもお金は概念でしかないので、困っているとしたら「勝手に困っている」のです。そして、勝手に困っているからこそ、どんどん自分で追い詰められて、ますますお金に困っていると思い込んでいく。

子どもには、お金に囚われずに自由に理想のライフスタイルを実現していってほしい。だからこそ、勝手に困っている姿は見せてほしくありません。

45

ぶっ壊れている あなたの姿を見せよう

日本人はルールが好きで、それをしっかり守る人が多いですよね。

確かにルールが必要な場面もありますが、よく考えてみると「それって意味ある？」と疑問に思えることも多々あります。

何も考えずに、「ルールだから！」とひたすら守ることに、私は違和感を覚えますし、恐怖すら感じます。

犯罪や倫理的に許されないことでない限り、もっと自由に縛られない行動や発想をしたほうが、仕事も人間関係もうまくいくものです。

大人だって、いつもルールに従ってまじめに生きているばかりじゃない！　それを子どもに示してやるほうが、子どもも伸びやかに育ちます。

そして、柔軟な行動や発想ができる大人になっていくでしょう。

大人だってバカをやるんだよ。それを示すために、たまにはぶっ壊れた姿を見せたらいいのです。

私は娘と一緒にお風呂に入りながら踊ったり、たまには奇声を発して何語ともわからないような言葉をしゃべってみたり、恥ずかしい姿を見せています。

自分にいろいろなルールを教えてくる親が、もしカラオケに行って信じられないようなシャウトをしてノリノリに踊ったら、きっと子どもは喜びますよ。

親だってまじめなばかりじゃないんだ、壊れる時があるんだと知ることが、子どもにかえって安心感をもたらします。

46

世界は白と黒ではできていないことを教えよう

ニュースなどで、完全に「悪」と報道される側が、本当に100%悪いとは言い切れない。たとえばウクライナとロシアの戦争では、日本の報道はロシアが「悪」の側に立たされていますが、ではウクライナは完全に「善」なのでしょうか。ウクライナ市民が犠牲になることはもちろん悲劇ですが、ロシア人兵士の命がなくなることはまったく考えなくてもよいのか、ということもあります。

世の中のことは、すべて二分法で説明するわけにはいかない。それをきちんと教えておくことが大事です。

そうすると社会に対する理解が進むし、自分で考えることができるようになります。

「これが正しい」と思い込むことが、やがて「自分は正しい」というおかしなプライドにつながることもあるので、客観的な視点を身に付けさせたいものです。

47

あなたが率先して学ぶ姿を見せよう

子どもに勉強してもらいたいと思ったら、自分が学んでいる姿を見せるのが一番です。

中には勉強好きな子もいるかもしれませんが、普通は子どもなんて勉強嫌いで当たり前。だから「勉強しなさい！」といくら言っても、かえって親の想いから離れていきます。

そもそも、自分が勉強なんてしてこなくて、学ぶ意欲もなかったとしたら、子どもにだけ勉強させようなんて、虫がよすぎる話です。子どもは、大人の矛盾を敏感に感じ取ります。

勉強しろって言うけれど、自分は勉強嫌いなクセに！

そんなふうに思われたら、逆効果でしかありません。

だから、自分が学ぶ姿を見せるのです。

大人になったら学校の勉強とは違って、興味のあることを学べばいいので、結構楽しいと思います。

知人の中には、銅版画を習いに行った人や歴史を学んでいる人、大学に入り直して心理学や日本文学の知識を深めている人などがいます。

私は読書が好きなので、もっぱら本から学ぶタイプです。電子書籍を大量に買うので、パソコンが書籍データでパンクしそうになっています。

COLUMN 02

大人の欺瞞を子どもは見逃さない

親はどうしても、子どもに対して「見せたい自分」があると思います。もちろん、それは本当の自分ではない。

多くの親は、しっかりと子どもを導ける立派な大人である自分を演出したいのではないでしょうか。

でも、それは欺瞞ですよね。

子どもに「勉強しなさい」と言う。でも自分は、大して勉強してこなかったし、今も活字を読むこともしなければ社会的関心もない。

子どもに「スマホばかり見るな」と言う。でも自分は、ちょっと手が空いた時にすぐスマホを取り出してゲームをする。

子どもに「友だちとは仲良くしなさい」と言う。でも自分は、近所の人や会社の同僚に対する愚痴が止まらない。

親は子どものためを思って、必死で導こうとしているのかもしれません。でも、その想いが自分の行動や態度と一致していなければ、子どもに向けた言葉に説得力はまるでないのです。

こういう矛盾を、当然ながら子どもは見逃しません。そして、そんな親の欺瞞が子どもを深く傷つけることもあります。親をはじめまわりの大人を信じられなくなり、自分の指針をどこに置けばいいのかわからなくなりますよね。

私は、親だって欠点だらけだと思っています。子どもよりは人生経験が長いけれど、だからといって人間としてのレベルが上であるというわけでもありません。子どもに対しても自分の恥部を隠さず本音でぶつかれば、少なくとも子どもが大人に対して絶望することはないはずです。

親だって昔は子どもだったし、子どもが生まれてはじめて親になったのです。ゆっくり、子どもと一緒に成長していきましょう。

CHAPTER 6

お金持ちさんの展望

Live a life of value in the future.

お金があり、気持ちにも余裕があり
楽しそうに暮らしている人は
実は深く自分の生き方を考えています
ただのんびりしているだけで
その素敵生活を手に入れているのではなく
ちゃんと展望を持っているのです

人生を楽しく豊かにしていくために
お金持ちさんたちがやっていること
あなたも試してみませんか

48

何でもできるとしたら何をするのか考えてみる

人は今の仕事や家庭の事情、経済状態など、たくさんのことに縛られて、何でも思い通りにはできないと思い込んでいます。

でも、そういう縛りを全部取り払って、「もしお金も時間も無限にあって何でもできるとしたら、何をしたいか」を考えてみませんか。

たとえば、どこにでも住めるとしたら、どこに住むのか。どんな家がいいのか。

どんなものでも食べられるとしたら、何を食べるのか。どこで誰と食べるのか。

何でも買えるとしたら、何を買うのか。それをどう使うのか。

こういうことは、いきなり聞かれたとしても意外と思いつかないものです。でも、絶対に考えておいたほうがいい。

具体的にイメージしておくと、それが実現しやすくなります。

どこにでも住めるのなら、南フランスがいいな。そう思うかもしれません。でも、もし「どこにでも住めるのなら」ということを考えることすらしていなかったら、南フランスに住みたいなんて思いつきもしないでしょう。

考えておくことは、世界を広げることにもなります。だから、「毎年、年初に」とか「3カ月ごとに」とか、定期的に考えるように決めておくといいですね。

想像するだけで楽しいですし、書き留めておいて見返してみると、その想像がどんどん自分に刷り込まれて具体化していきます。

理想だと思っていたけれど、ずっと思い描いていたらできそうな気がしてきた。実現するのも、そんなに難しくないかもしれない。

そうやって理想がどんどん実現していくと、もっと楽しくなっていきます。

49

憧れのものに触れに行こう

　仕事で資産づくりのご相談を受けていますが、ほとんどの人には高級な車やアクセサリー等、「いずれ資産ができたら欲しいな」と憧れているものがあります。

　憧れのものがあることは、自身のモチベーションにもつながるので、とてもいいことです。

　ただ、欲しいと思っているのに、実際にそのものに触れに行ったことがある人はほとんどいません。これは、とてももったいないことだと思います。

　もし、「いつかポルシェに乗りたいな！」と思っていたら、ショールームに行ってみれば楽しいのに、行ったことがない。パテック・フィリップの腕時計やエルメスのバッグに憧れているなら、銀座や一流デパートにでも行けばすぐ見られるのに行かない。カッシーナのソファーが欲しいなら、直営店に行って座り心地を試してみればいいのに。

自分の目で見たり実際に触れてみたりしない限りは、いつまでも自分には縁遠いままです。

もしかしたら、展示品に限って安く販売されているかもしれない。それなら、頑張れば買える！　となる可能性が出てきます。

そうでなくても、思ったよりもずっと使い心地が良さそうとか、憧れるほどでもなかったなとか、実物を確かめてから、初めてわかることもありますよね。

それが「絶対に買えるように頑張ろう！」というモチベーションになったり、「もっと価値あるものを見つけよう」とお金の使い方を洗練させたりするのです。

だから、頭で思い描くだけでなく本物を知ってください。

日本人は謙虚なので、「まだ買える段階でもないのに、見るだけなんて申し訳ない」と、お店に入ることすら躊躇する人もいます。でも、そんな謙虚さはムダでしかない！　サッパリ捨てましょう。

何十万円、何百万円するものを即決して買う人なんてほとんどいません。下見の段階では、実際に買う予定の人も、まだ買う予定がない人も、見分けなんてつかないから大丈夫です。

「いずれは買うんだ」という堂々とした気持ちで、自分の憧れのものに会いに行きましょう。

50 まったく知らない分野の本を手に取ろう

いろいろなことに興味を持ち、それを知っていくと自分の内面が豊かになります。だから、今まで自分がまったく触れてこなかった分野とか、何も知識がないテーマの本を読んでみるといいですね。

私は最近、なんとなく生き方の根幹を見直したいような気持ちになったので、思想哲学の本に興味が湧きました。そこで、プラトンやスピノザなど哲学者の本を読んでいます。

また、戦前の日本の指導者たちに影響を与えた、中村天風や安岡正篤の本にも手を伸ばしました。インド哲学や中国古代の論語をベースにしていて、現代人からすればその厚みと渋さはなかなか触れる機会がないものです。

これまで味わってこなかった読後感を得ることができて、おもしろかったです。

子どもの頃に父から、「学校の図書館の端から端まで、すべての本を読め」と言われたのもあってか、もともと手あたり次第読むタイプでした。そこで自分には興味がない本も、読んだからといって意味があるのか疑問であるような本も読んできました。それが、結局は自分の財産になることを実感しています。

本屋に行くと、自分に馴染みのあるコーナーにばかり足を運びがちですが、たまにはあえて、まったく足を向けてこなかったコーナーに行ってみましょう。

意外にハマる本に出合えるかもしれません。

51

人生に まったく必要のない 趣味をしよう

仕事に役立つわけでもなく、誰かのためになるわけでもない、やる必要がない趣味を持つ。これこそ、大人の余裕。人生に、深みが生まれます。

私はやりたがり屋で、挑戦したい趣味をさまざまに思いついてしまいます。その中でも、ピアノは自分にとって、まったく必要のない趣味です。

ただ、「ピアノを弾く男はカッコいいんじゃないか」という妄想に導かれて、弾いてみたいと思いました。

それから、気功。気功は身体にいいですが、特に必要なわけではありません。

でも、気功でシンプルに元気になれる！

他に庭いじりなどもやっていますが、一番長くやっている趣味は、今のところゴルフです。もともとテニスをやっていたので、はじめは「止まった球が打てないわけがない」と舐めた気分ではじめたら、ハマってしまいました。
だから、何の気なしにはじめただけで、もちろん必要性など感じていなかったのですが、結果的に仕事にとても役に立っています。

実は投資をする時のリスク管理とメンタルコントロールと、ゴルフをやる時のリスク管理とメンタルコントロールとはまったく同じ。だから、ゴルフをすることで、投資のシミュレーションができるようなものだったのです。

そんなふうに、後から「ありがたかった！　必要だった！」と感じるケースもありますが、基本的には何の生産性もない趣味で十分！

多忙のためピアノは続けられていませんが、常に何かしらの趣味を楽しみたいです。

52

住みたい場所にプチ移住しよう

憧れの場所に、1週間でも1カ月でもプチ移住してみると、とてもいい刺激をもらえます。

その土地の地元の人がよく行くお店などに足を伸ばせて、少しでも住んでいる実感を持てることが、余裕のある楽しみになるのです。

我が家は東京の夏の暑さが苦手なので、軽井沢の貸別荘で夏を過ごしたことが何度もあります。何より快適で、ゆっくり滞在できたので周辺地域にも馴染みが生まれて良かったです。

そしてプチ移住してみると、「案外、移住って簡単なことだな」とわかります。

本格的移住への布石としても、ぜひプチ移住を！

53

旅行の予定が先、仕事の予定は後

仕事一辺倒の人生より、いろいろな場所を訪ねて見聞を広め、経験を豊かにする人生のほうが素敵ですよね。

だから、「仕事があるから、行けるかどうかわからない……」などと言わずに、旅行の予定を先に立ててしまいましょう！

たとえば、年末年始に1年間の旅行の予定を決めておいて、「4月にフィレンツェに行くまでには、この仕事を終わらせよう」と、旅行に合わせて仕事の予定を立てる。

特に自営業者やフリーランスの人は、予定がなければついダラダラと仕事をしてしまうもの。

私も会社を辞めて独立した後、そういう状態に陥ったことがあり、反省の気持ちからも「やっぱり旅行の計画を立てなきゃ」と思い至りました。

仕事を終わらせないと予定のフライトに乗り遅れる！　そう思えば、しなくてもいい仕事にまで手を出すことがなくなって、仕事に集中したり効率を上げたりすることができるようになります。

しかも、早割等で旅費が安く済むこともあるのが嬉しいですね。


会社員だと難しいかもしれませんが、テレワークも増えていますし、以前よりはかなり柔軟な組織も増えてきました。業種によっては可能だと思います。

そして、社畜のように働いている自分を見直すきっかけにもなるので、まずは予定を立ててみることにトライしてはいかがでしょうか。仕事に責任を持つことは大事ですが、休もうと思えば代わりはいるもの。

早めに上司に申告してみれば、思ったより快く認めてもらえるかもしれません。

54

サッとパッと思った時に行動する

現代人は仕事や家事に追われて、だいたいいつも忙しくしています。

だから「○○がしたいな」と思った時に、「今は忙しいから後でやろう」と思っても、いつの間にか忙しさにかき消されてしまって、ずるずるとやらないままで終わるケースが多いです。

せっかく思いついたことがあったのに、それが実現しないなんてもったいないですよね。

そんなことにならないように、思ったその時にサッとパッと行動しましょう。

たとえば私は、誰かと会いたいと思ったら、すぐに「ご飯でも食べよう。いつ行ける？」と連絡してみます。

みなさんも、観たい映画があればすぐにネットでチケットを取ればいいし、欲しいものもほぼネットですぐに買えますよね。自分の心の声を実現することは、自分の機嫌をうまく取ることにもつながります。

すぐに行動しなければ、それが実現しないことが多いというデメリットがある一方で、すぐに行動することにはほぼデメリットはありません。

それよりも、どんどん経験が増えていくというメリットを享受することができるのです。

すると、人生の濃度が高まります。どうせなら自分がおもしろいと思うこと、感情を動かされることを積み重ねて、豊かに生きていきたいです。

55

直感のささやきに耳を傾ける

会った瞬間に、「この人ってなんだか魅力的だな！」とピンとくる。そういう直感は素敵ですよね。

私も、妻とは直感で結婚したようなものです。

ただ、ポジティブな直感というものは自分の期待値も込みで「いいかも！」となることもあるので、そこは気をつける必要があります。


信じたほうがいいのは、ネガティブな直感。

特に投資をやっていて、妙な違和感がある時には注意しましょう。

私自身、直感を無視して痛い目にあったことが何度かあります。もう、お金は1円たりとも返ってこなかったので、やはり直感は大事なのだということを学びました。

今では、損をすることも当然あるのですが、直感を無視した時のようなヒドイ目には遭っていません。


こういう直感は、経験の積み重ねだったり、そのことに対して集中力が高まって敏感になったりすることで、「ピン！」とやってくるものではないでしょうか。なんだか気持ちが悪いとか、イヤな感じがするといった身体の状態の微差に気づくことも、直感のひとつです。

そして「ピン！」ときたら、それを理性で検証する作業も必要です。直感と思ったことが、衝動であるケースもあるからです。

たとえば、「儲かる話を持ってきた人なのに、スーツがヨレヨレだ」とか、「そんなに儲かるならなんでお金を集めているのかな」とか、客観的な判断も入れられると直感が確信に変わります。

私は今、ポルトガルに移住しようとしているのですが、実はそれも直感がきっかけ。

このままずっと東京にいたら、自分がダメになる！　そんな気持ち悪さを感じたのです。だから、まずは日本を出ようと決めました。

そこから移住先や娘の教育をどうするかなど客観的に考えて、実際にポルトガルに下見にも行きました。

この決断が吉となるのかどうか、結果が出るのはまだ先ですが、直感を信じることに迷いはありません。

CHAPTER 7

お金持ちさんの資産づくり

Learn about investing and give it a try.

資産づくりの奥は深い……
資産を増やすには
資産ばかりに目を向けていてはダメで
自分の中の人間性を磨くことも大切です

お金以外の部分にも目を向けた
少し変わり種の提言ですが
お金持ちになるだけでなく
素敵さをまといたいのなら
ぜひやってみましょう

56

余計な資産を断捨離しよう

すべての資産に、使う目的をハッキリさせておきましょう。でも、意味もなく持っている資産が、実は結構多いもの。

たとえばなんとなく持っていた投資信託。

株主優待が魅力で買ったけれど、今は魅力を感じていない株。

トルコのリラやブラジルのレアルなど、高金利通貨だけれど、為替が悪くなれば意味がない債券。

何かあった時のためにダラダラと貯めておいた普通預金。

気がついたら溜まっていたポイント。

そういうものは、目的のない余計な資産です。

さっさと使ってしまうか、寄付をするか、あるいは目的のある資産に替えましょう。

また、相続した不動産なども、自分にとって本当に必要なのか考えてみるといいでしょう。もともとの不動産の所有者は、それなりの目的があって取得したのでしょうが、それを受け継いだあなたにとってはかえって手のかかる厄介な資産となるかもしれません。

毎月の賃料はきちんと得られるのか。稼働率が低かったり管理などの手間がかかったりすれば、お荷物になりかねません。

目的もなく持っている資産は、不思議なことに手元に残らないのです。

最近も、4千万円もの預金を怪しい投資につぎ込んですべて失くしてしまった人を見ました。その人は、お金を増やすことが目的になりやすく、何に使うかをあまり考えていない人でした。

結局失くしてしまうのなら、有意義に使って断捨離しましょう。

57

中身を理解できないものには投資しない

世の中にはさまざまな投資案件があって、多くの資産家は投資をやっていると思います。もちろん、私も。

どんな案件にしても、私は「なぜこの投資案件がお金を生み出すのか」ということをしっかり理解したうえで投資すると決めています。そして、世界的に有名な投資家たちも、同じような発言をしています。

人は、「なんとなくスゴそう」とか、「最近流行っているから」といった安易な理由で投資しがちなのですが、そこはちゃんと考えるべきです。

よく仕組みがわからないけれど、暗号資産って儲かるらしい！

今ってAIが話題だから、やっぱりAI銘柄かな？

培養肉って新しいよね！　食糧危機を救うかも？　ひとつ投資してみるか！

こんな感じで投資をすると、痛い目に遭うかもしれません。


よくあるのは、細かいところまでシミュレーションせずに不動産投資をはじめてしまうこと。

賃料の計算ぐらいはするでしょうが、部屋の稼働率を将来にわたって、できるだけ正確に推測するための調査をきっちりやる人は、実はあまりいません。

投資をするならリスクを引き受けるのは当然のことですが、この認識が薄い方は現実にとても多いものです。そして、そのリスクをコントロールして、どうなれば利益が出るのかを理解することがとても大事なのです。

たとえ人から勧められても、自分が理解して納得しない限りは投資するべきではありません。

58

増える前にお金の行先を決めよう

お金は、何よりも使うためにある！

今、お金を持っていなくてもいいのです。増えてきたら、こんなことに使える！　あんなことにも使っちゃおう！　お金の行先を考えることは、とても楽しいですね。

これこそが、個人が幸せになる資産づくりの最大のコツだと私は思っています。

お金の行先を決めることさえできれば、あとはうまくいくようになっています。逆に決めなければ、お金は増えない。あるいは、増えたとしても幸せになれない。

だから、お金を増やして豊かに生きたいと思うのなら、絶対に「増えたお金でやりたいことリスト」を作りましょう。

すると、具体的なゴールがわかって、それが実現した時の自分の幸せな姿を思い描くことができます。ハッキリ思い描けることが、資産を増やすためのポイントなのです。

また、あらかじめ決めておくことで、お金を迷いなく使うことができます。つまり、余計な資産を抱えることがないわけです。すると「断捨離しなきゃ！」というわずらわしさもありません。

やりたいことリストは、叶っていけば減っていきます。ゼロにならないように、遠慮なくどんどん増やしていくことがコツです。無邪気にリストを増やせる人ほど、うまくいきます。

私は一度、全部叶ってリストがゼロになってしまったことがありますが、自分の目指すところがわからなくなって不安定になりました。やはり、常に次の行先をつくっておくこと！

幸せなお金持ちになるために、みなさんもぜひやりましょう！

59

大きく儲かったら一部を上手に手放そう

投資がうまくいくと、湯水のようにお金が湧いてくることがあります。

たとえば株式オプションで毎月のようにボーナス並みの金額が入ってくるとか、20〜30年前にうまく金を買っていたから、かなり大きな儲けが出たとか、想定以上に儲かってしまってソワソワするような時。

どうも落ち着きません。

ソワソワの正体は、お金の圧によるものなのです。お金には圧力がある。だから、大きく儲かったらうまく圧を逃がさないと、バランスが取れなくなってきます。

圧を逃がす方法は、儲かった一部を上手に使うこと。旅行で使っちゃうとか、社会貢献事業に寄付するとか、お世話になった人や遠い親戚などにリッチなプレゼントをするとか。

「増えたお金でやりたいことリスト」の項目に使ってもいいですが、いわば予定外の儲けでバランスが崩れているので、思い切って他のことに使ってみればいいのです。

自分の想定以上にどんどん儲かると、ちっとも悪いことなどしていないにも拘わらず、かすかに罪悪感が芽生えることもありますが、手放すことができれば心のバランスも取れます。

お金の行先を決めておくのと同じように、これも上手にお金をキープするコツだと思っています。

60

心がワクワクするものだけに投資しよう

どんなに儲かりそうでも、自分の興味がないものや嫌悪感のあるものには投資しません。たとえば私は、本物のおいしい肉を食べたいから、培養肉の会社には投資しない。

やっぱり、どうせなら「自分の投資で成長するかな？　楽しみだな！」「この会社を応援したい！」とワクワクできるものに投資したいです。

また、ワクワクするという意味では、「これで自分の人生が変わるかもしれない！」と期待できるような投資ができたらいいですね。

低リスクの投資信託を買っていても、預金よりはましかもしれないけど、それでは人生が変わるわけじゃない。微々たる利益は、インフレになればすぐに吹き飛ぶ程度のものです。

だから、人生が変われそうな数字を作れるかどうかも投資案件を選ぶ時のポイントになります。もちろん、それだけの数字を作るには、リスクもうまく取っていく必要があるのですが、リスクは自分でコントロールするものなので、過剰に恐れることはありません。

詳しくは投資の専門的な話になるので控えますが、リスクは投資の世界では「失敗する危険性」という意味ではなくて、「リターンのバラつき」という意味でしかないのです。

だから人生を変えるほどの数字を作りたければ、上手にハイリスクへと移行していかなくてはなりませんが、それは正しくは失敗する危険性が高くなるということではなく、リターンの大きなふり幅を受け入れていくということ。

そのあたりまで理解して、興味があったり応援を楽しめたりするものや、ワクワクできるほどの数字をたたき出せる投資案件を選びましょう。

61

安全に執着しても幸せになれない

日本人は安全志向で、変化や挑戦を恐れがちです。でも、人生の満足度を考えた時に、安全志向こそがリスクになるのではないかと思います。

外に出たら、事故に遭うリスクがあるからずっと家にいる。そんな生活をしていたら、何も楽しくないし、ましてや資産づくりなんてとんでもない！

このたとえは極端かもしれませんが、ただじっと家にいるだけなら、何のために生きているのでしょうか。

結局、多くの日本人が執着している安全は、幻想でしかない。安全に執着しているとマズい。

その現実を、多くの人に知ってもらいたいです。

先日、ペルシャ絨毯やローズウォーターを扱うイラン人のビジネスマン一族と出会いました。イラン人は、ある意味母国にいるだけで大きなリスクを背負っていますよね。そういう環境にある彼らは、リスクの中に身を置くのが当たり前なので、生き方に対する気合が日本人とは違います。

常にリスクを背負い、その中で生き抜くために世界に飛び出して挑戦を続け、その結果として大きな成功を収めています。

親族もみんな世界中で活躍していて、年に一度はイランに里帰りして、7階建てビルの実家に集まるそうです。

そんなイラン人の姿を見ていると、私たちもリスクに身をさらしながらも、挑戦していくことを覚えるべきだと感じます。

投資に対する姿勢もそう。投資のリスクは「危険性」という意味ではありませんし、もし失敗してもお金を失うだけで死ぬわけじゃありません。だいたい投資したお金は、手元に置いて生活に使っていたお金ではないから、別になくなってもすぐに困るものでもないでしょう。

実際、投資というものをよくわかってやっている人は、そうそう全財産を失うようなことにはなりません。

たとえば私も、「お金なんて、なくなる時はなくなる」という悟りの気持ちと、「ちゃんと投資を勉強してきたから、ある程度は結果が出やすい方法はわかっている」という攻めの気持ちとの両輪で投資をしているので、生活が困窮するほどの大きな損を被ることはほぼありません。

野球の大谷翔平選手が、「故障するリスクの高いピッチャー」と「故障するリスクの低いバッター」を兼ねて結果を出し、どちらも好調な時にはアメリカで大きな話題をさらうほどの実績を残したのと同じように、投資の世界も二刀流でバランスをとればいいのです。

大谷選手は、心から楽しみながら二刀流をやっていますよね。みなさんも、楽しみながら資産づくりをしていけるといいですね。

62

いつ経済危機が起きても大丈夫にしておこう

以前は15年に一度くらいだった経済危機の頻度が、だんだん増えてきています。今は、7～8年に一度は起きているのではないでしょうか。

それなら、経済危機はいつ起きてもおかしくないものとして、私たちも備えておく必要があります。

もし日本株ばかり所有していたら、日本の株式市場に何かあった時には大変なことになってしまいますよね。

株や債券・現金などのペーパーアセットは、経済危機にとても弱いです。だから、リスクを分散するために、不動産や現物の資産も所有しておくといいです。

現物の資産とは、たとえばアートやアンティークコイン、ペルシャ絨毯、ジュエリーなど。経済危機に強いうえに、値下がりしにくいものを選んでいれば、強い資産になり得ます。

特にアンティークコインは世界中に多くのコレクターが存在し、今後再生産されることがないので価値が落ちる可能性も低いです。ペルシャ絨毯は踏める財産と呼ばれ、家で使用していても価値は下がらないし、もし汚れたりほつれたりしたら専門店がクリーニングや修繕をしてくれます。

資産を増やすというと、ペーパーアセット、せいぜい不動産をイメージする人が多いかもしれません。でも、経済危機に強い現物の資産を知っておくと、いざという時に助けになる可能性があります。

63

つねに「少数派」を目指そう

資産形成や資産運用のためは、人と違うことをやらなければ成果も出ません。そういう意味で、少数派を目指すべきです。

多数派は、間違えていることが多い。たとえばアメリカでサブプライムローンの崩壊からリーマンショックが起きた時にも、「借り手の信用度は低いけれど、まあ大丈夫でしょう」とみんなが思っていたからこそ、大変なことになりました。

だから多数派とは逆を行く、つまり少数派を目指したほうがいいのです。

もし日経平均株価が上昇しはじめたら、みんな日本株を買いたくなりますよね。でも、そこであえて日本株ではなく評価が下がっているロシア株を買う。または、「私は株よりアンティークコインだ！」と判断してもいい。

みんなが買っていないものだからこそ、今買おうと思えます。

多数派が求めれば、それは値上がりしますし、少数派しか欲しがらないなら、それは安く買えます。そういう意味でも少数派を目指したほうが、結局は得をします。

64

本当にあなた想いのチームを持とう

資産づくりをしていくうえで、たとえば税理士さんや投資に詳しい人、保険に詳しい人などから教えてもらったりサポートを受けたりしますよね。

そういうサポートをしてくれる人が、自分が儲けることを考えるよりも、きちんとあなたのために仕事をしてくれるかどうか。これがとても重要です。

友だちからスタートして、「手伝ってもいいな」「知恵を貸してもいいな」と思ってもらえるのが一番いいですが、なかなかそう都合のいい友だちと出会えるものでもありません。

もしできることがあるとすれば、あなた自身がまわりに貢献できる人になること。

なるべくマメに「この人の役に立てることはあるかな」と考えたり、人と人を繋いだりする。そういう人のまわりには、自然と手を差し伸べてくれる人が寄ってくるものです。

友人で資産づくりの知識を持った人がいない場合は、やはりプロの人に依頼するケースもあるのでしょうが、たとえ相手が友だちでなくても、仕事のポリシーに利他的なところがある人がいいです。

あなたと専門家との関係は、依頼人と請負人になるわけですが、たいていの場合両者の利益は相反します。たとえば不動産投資をする時に、不動産仲介の人は手数料のためになるべく高く物件を売りたい。でもあなたは、できるだけ安く買いたい。

こういう時にも、自分が儲けることばかりを考えて高い物件を持ってくる不動産仲介業者ばかりでなく、こちらの立場に立ってなるべく安い物件を探してきてくれる業者もいるのです。

こういう人は、おそらく顧客満足度を高めることで、自分の仕事にもプラスの影響があるとわかっているのでしょう。

つまりは、客の立場を尊重してくれている。そんな業者だとありがたく、一緒に仕事をしたいものです。

65

支払いは いつでも素早く

払えるだけのお金はちゃんと持っているのに、なかなか支払わない人はたいてい貧乏です。きっとお金に囚われているから、「払ったらお金が減ってしまう」という不安があって、なかなか払う気持ちになれないのでしょう。

でも、どうせ払うならサッサと払ったほうが気持ちがいいです。

素早く払える人は、お金の流れがきれいだから、お金のほうも喜んで寄ってきてくれます。

払うのを遅らせたからといって、払わなくてもよくなるわけではありません。それならなるべく早く支払いを終えて、スッキリしましょう。

66

税金を募金と思って喜んで払う

アメリカの政治家、ベンジャミン・フランクリンの言葉に、「死と税金からは逃れられない」というものがあります。

そうです。どうせ逃れられないのなら、気持ち良く払ったほうがいいのです。

それなのに、しっかり稼いでいる資産家や経営者でも節税に汲々《きゅうきゅう》としている人が多くて、申し訳ないけれど、愚かしいことだと感じています。

この国に暮らして、なんだかんだと国にお世話になっている現実がありますよね。国に募金する、あるいは、私が国を支えてやると思って、喜んで払ってはいかがでしょうか。

67

投資したい国を直接視察してみよう

旅行ついでいいので、海外投資をするなら現地を視察してみましょう。現地に行って、感じることやわかることがあると思います。

たとえばアメリカで、IT銘柄の一大拠点であるシリコンバレーに行くとか、小売店やレストランを展開している会社に注目するなら、実際にお店に入ってみる。

中東やアフリカに行ってみたら、今の日本ではなかなか見られないほどの消費意欲や経済の伸びが感じられるかもしれません。あるいは、日本のような複雑な規制がない国では、いろいろな会社が自由にビジネスを展開しているものです。なんとなく日本ばかりにいて後ろ向き発想になっていた人も、ただの思い違いだったと感じられておもしろいかもしれません。

また、現地の人に直接話を聞いてみるのもおもしろそうです。日本にいては手に入らない情報が、視察から得られる可能性は大きいです。

68

結果重視より プロセス重視で 投資をしよう

投資においては、「損失という結果を出したら失敗」だと思っている人が多いです。おそらく、日本人の95％はそう思うでしょう。

でも、本当はそうではなくて、プロセスに目を向けるべきなのです。

不動産投資で、しっかりとしたシミュレーションをしなかったために、ちゃんと利益が出るのかを予測できなかった。

ついブームに乗って、自分がよく知りもしない会社の株を買ってしまった。

このように、プロセスにおいてやり方が間違っていたケースこそが失敗なのです。

投資は、運の要素が強いです。でも、それなりに投資のプロセスを研究し、磨いてきた私は、自分なりのセオリーを確立してそれに当てはめていくだけ。

つまり、やり方を突き詰めて成功率を上げるために、プロセスを重視する必要があるということです。


ただ、セオリー通りにやっていたからといって、100%成功するわけではありません。そしてまた、プロセスから導き出したセオリーがダメなわけでもありません。

結果は常に違っていて、それぞれが独立したケースだというだけ。

ひとつひとつの投資にはなんら関連性はないのですから、同じセオリーで損失が5回続いたとしても、6回目には大きな儲けが出るかもしれません。大きな儲けが5回続いたとしても、6回目には大損失が出るかもしれない。

それを理解していないと、少し損が続いたらネガティブになり、「どうせ損ばかりだ」と投資を止めてしまうことがあります。

逆に、儲かりはじめたら「オレにはなんだってできる！」という間違った万能感に包まれて、それまでのプロセスを変えてしまうようなこともあります。でも、感情に任せて変えたことが、研究してつくり上げたセオリーに勝るはずもありません。

もしプロセスの重要性を理解していたら、こんなふうにいちいち偶然の結果に振り回されて気持ちを乱されることはありません。粛々とセオリー通りに投資を続けていけばいいのです。

69

「投資道」を極めよう

投資は、プロセスを大事にしてセオリーを確立し、地道にやり続ければある程度の利益を上げていくことができます。

つまり、しっかりやれば、お金は増やせる。

ただ、投資にはそれ以上の深い意味があると思っています。その意味とは、自分と向き合い、内面を磨くための役に立つということです。

それはまるで、日本が昔から大切にしてきた武道の美学のようなもの。お金を増やすことよりも、お金とどう向き合うのかを意識することが大切なのです。

すると投資は、根気や我慢する力を育てたり、欲望を抑えたりするような、精神を鍛えるためのメソッドとなっていきます。

精神を鍛える部分がなければ、単にお金という武器を手に入れた強い人になるだけです。武道を知る日本人としては、ただの空虚な強い人になるよりも、精神性があって心豊かな強い人になりたい。


これまで幅広い分野のたくさんの本を読んできて、結局人は、生まれた時より少しでもましな人間になって死んでいくべきなのだと思うようになりました。簡単に言えば、より良く生きていきたい。そして、お金はそのために使うもの。

それに気づいてからは、自分が確立したセオリーを守りつつ、精神の鍛練を受け入れる気持ちで投資に取り組んできました。

その場その場で、もし思ったように利益を取れなくても、それはそれで構わない。数字を追わない。そういう真摯な気持ちを持てるようになってから、不思議なことに結果もついてくるようになったのです。

欧米人には、この武道の美学と投資との結びつきは理解できないと思います。日本人だからこそ、投資ですら〝道〟のひとつとして捉えることができる。そもそも日本人は、柔道や剣道、茶道や華道といった〝道〟の伝統文化の中で生きてきたので、それは当たり前ですよね。

だから、「投資道」を極められるのも日本人だけ。世界的に見たらこんな特殊で素晴らしい投資の捉え方ができることは、きっと強みになるはずです。「投資道」を極めていくことで、日本はもっと豊かになり、経済的にも復活でき、やがては世界から尊敬されるようになると思います。日本には、それだけのポテンシャルがあります。

私は、自分の母国を素晴らしい国だと信じているので、いつかそんな意識を「投資道」とともに、いろいろな方と共有できたら嬉しいです。

70

投資を通じて自分の心と向き合う

資産づくりでは、何をやってもうまくいかない時もあれば、あなたの思うようにうまくいっている時も、あるいは、怖いくらいうまくいきすぎる時もあって、さまざまな局面に遭遇します。その状況によって、私たちの心は大きく揺さぶられてしまうもの。

実際に、株価の動きに一喜一憂したことのある人もいるでしょう。結果として、投資では欲や恐れ、その他あなたの心の弱いところがすべてむき出しになってしまいます。

たとえば、数字が悪くても自分が決めたとおりに続けられるか、調子が良くても図に乗らずにいられるかなど、たくさんのチャレンジがあります。これらは意思が強いと自分で思っている人でも、なかなか難しいことです。

しかし、それを乗り越えた先には乗り越えた人にしか見えない景色があります。昔は恐る恐る売買ボタンを押していたのが自然にできるようになる、損失が出ていても淡々とルール通り続けられる、などです。

これらは地道に練習していれば、気づかないうちにいつの間にかできるようになっていきます。自転車の練習をしていたら、急にすいすい乗れるようになった、そんな感じかもしれません。

そう考えると、投資は自分の心の生々しい性質とまっすぐ向き合って、上手に付き合えるようにするものでもあります。自分の心自体をすぐに変えるのは難しくても、自分の心を素直に理解して工夫するだけで大きな差になるでしょう。

おわりに

本書で紹介した70のお金のお作法、あなたは実践できていましたか？
もし、できているものばかりなら、あなたはすでに「お金持ちさん」の資質ありですし、ほとんどできていなかった場合でも、かなりの伸びしろがあると喜んでみてください。

習慣の力は、ビジネスや教育、スポーツなどさまざまな分野で注目されています。その中でも、私自身が習慣の力がもっとも強力に発揮されると考える分野は、やはりお金です。

あなたの今のお金の状態や日々の幸せは、小さな小さな行動の積み重ねでしかありません。より生々しくいうと、あなたの預金残高も、毎日暮らしている環境も、家庭や会社の人間関係も、その行動の微差が生んでいるものでしかありえないのです。

多くの方が自分のまわりの環境によって、日々の習慣がつくられていると思っています。しかし、実際はあなたの習慣や考え方がその環境自体をつくり出しているのです。そう考えると、もしお金や生活が満足できない状況にあるという方は、やはり習慣や考え方、つまり、お作法のどこかが間違っているに違いないと考えたほうが良いのです。

そして、「お金持ちさん」になると良いことは他にもあります。それは、まわりにあなたと同じお金持ちさんがたくさん増えるということです。良い習慣を持っている友人が増えることもありますし、あなたの習慣が変われば、パートナーや家族にも自然と変化が起きるのです。そういった意味では、お子さんをお持ちの方は、自分の習慣を良くすることこそが最高の教育のひとつとも言えます。

ここまでの話を聞いても、自分に染みついた行動パターンを変えることに抵抗を感じる人もいるかもしれません。しかし、ほんのちょっとの行動の変化で、人生が劇的に良くなるとしたら安いものだとは思いませんか？

まずはひとつずつ、とにかく実践していきましょう。「お金持ちさん」はつべこべ言わずに実行するものです。あれこれ考えている時間はムダで、さっさと実践してしまったほうが早いのです。思えば私自身も「素直にやる」のおかげで、人生が加速度的に良くなってきました。

あなたもぜひ一歩ずつ実践して、日々の変化を楽しんでみてくださいね。

著者略歴

八乙女 暁

Yaotome Satoru

米国公認会計士

京都大学経済学部卒業。戦略コンサルティングファームから企業投資ファンドを経て、投資で家族のために30歳でFIRE達成。株式、投資信託、オプション先物、海外投資、不動産、現物資産ほか超オールラウンド投資家。

著書に『貯金0円生活！　目指すはハッピーセミリタイア！お金を賢く手放す5つの習慣』（Clover出版）『お金に困らない人の投資の考え方』（フローラル出版）がある。メディア掲載歴多数。資産は「ただ増やす」より理想に合わせて「デザイン」するがモットー。一人ひとりにあった資産づくりのスタイルを追求する世界三大利殖研究所を主催。

「お金持ちさんのつくり方」動画プレゼント！

著者本人による本書の解説動画「お金持ちさんのつくり方」をプレゼントしています。本書ではお伝えしきれていない、素敵なお金持ちの習慣づくりの秘密を、ぜひ学んでみてくださいね。

装丁・本文デザイン／石濱美希
イラスト／蓮田　静
組版／松本圭司（株式会社のほん）
校正／伊能朋子
編集協力／尾﨑久美
編集／坂本京子　蝦名育美

貯めなくても、勝手に貯まる！
ステキなお金持ちさんがやっている70のお作法

初版1刷発行　2023年12月20日

著　者　八乙女暁
発行者　小川泰史
発行所　株式会社Clover出版
〒101-0051　東京都千代田区神田神保町3丁目27番地8 三輪ビル5階
TEL 03-6910-0605
FAX 03-6910-0606
https://cloverpub.jp
印刷所　日本ハイコム株式会社

ISBN978-4-86734-190-2 C0033